管理学和你想象的不一样

GUANLIXUEHENIXIANGXIANGDEBUYIYANG

讲述不一样的管理学，为管理拾缺补遗

GUANLIXUE

管理学

和你想象的不一样

讲述不一样的管理学，为管理拾缺补遗

★如何用好人才凝聚团队 ★如何无碍沟通有效执行

★如何规范制度提升效率 ★如何奖善罚恶细节取胜

李世化⊙编著

石油工业出版社

图书在版编目（CIP）数据

管理学和你想象的不一样/李世化　编著.
北京：石油工业出版社，2011.7
ISBN 978 -7 -5021 -8413 -1

Ⅰ. 管…
Ⅱ. 李…
Ⅲ. 管理学 - 通俗读物
Ⅳ. C93 -49

中国版本图书馆 CIP 数据核字（2011）第 077016 号

管理学和你想象的不一样
李世化　编著

出版发行：石油工业出版社
（北京安定门外安华里 2 区 1 号楼　100011）
网　址：www. petropub. com. cn
编辑部：（010）64523644　营销部：（010）64523603
经　　销：全国新华书店
印　　刷：北京市业和印务有限公司

2011 年 7 月第 1 版　2011 年 7 月第 1 次印刷
700 × 1000 毫米　开本：1/16　印张：15. 5
字数：210 千字

定价：58. 00 元
（如出现印装质量问题，我社发行部负责调换）
版权所有，翻印必究

随着市场经济的不断完善，在日益激烈的竞争中，多少万众瞩目的明星企业一个接一个地陨落，由于管理上的大意和失误，他们“来也匆匆，去也匆匆”，在叹息之余，给了我们许多沉重的思考。

今天的企业再也没有什么所谓的“铁饭碗”了，大家面对的是同一个环境，“物竞天择，适者生存”，“成者王侯，败者寇”，没有任何情面可讲。身处这样的环境中，企业就像是风雨飘摇的精贵瓷器，任何管理上的闪失，都有可能让企业在顷刻间土崩瓦解。

管理者面对的当今世界已经发生了很大改变，而且未来仍将会继续发生改变。管理者凭借自己的想象去管理企业的时代已经落伍了，现代管理学是一门综合性的交叉学科。如果说管理是一个系统的工程，那么管理学更是一门真正的科学。一名出色的管理者除了要有严谨务实的心态，还要具备多方面的职业素质。既要有做事的力度，又要保持对员工的敏感；既要能把握大局，又要能关注细节；既要决策果断，又要行事审慎。俗话说：“在其位，谋其政。”作为一个企业的管理者，既然坐在这个位子上，就得不遗余力地让企业基业长青，让员工有个好归宿，这是管理者不可推卸的责任。

管理企业很难，管理者很累，我们深深地理解这些。正是基于这种原因，在前人的研究成果和管理实践的基础上，我们经过广泛的收集和系统的整理，针对一些实际的管理问题，推出了《管理学和你想象的不一样》一书。对于广大的企业管理者来说，你可以把它当成日常管理的参考书，也可以放在床头，在夜深人静时细细品味。我们不求此书能成为什么经典，只要能给您带来些许帮助，我们就知足了。

目
contentS
录

九、情义管理 VS 制度管理

一、管理的目标不是为了管人，而是在于成事

如果要问企业里最重要的资源是什么，这个问题估计大多数人都回答说：“人！”那么，作为一个企业的管理者，当你回答这个问题的时候，首先应扪心自问：“难道对企业的管理就是对人的管理吗?”在人们的想象中，管理企业就是管理人。而对于一个现代化企业来说，管理的目标不再是为了管人，而是在于成事。

强化人的追求，形成精神动力

美国前总统林肯讲过这样一个小故事：“有一次，我和我的兄弟在肯塔基老家的一个农场犁玉米地，我吆马，他扶犁。这匹马很懒，但有一段时间它却在地里跑得飞快，连我这两条长腿都差点跟不上。到了地头，我发现有一只很大的马蝇叮在它身上，于是我就把马蝇打落了。我的兄弟问我：‘为什么要打掉它？’我回答说：‘我不忍心让这匹马挨咬。’我的兄弟说：‘哎呀，正是这家伙才使得马跑起来的嘛！’”

利用“马蝇”促使马飞跑，这是林肯发现的“马蝇效应”。

这个小故事对管理者用人很有启发。那些越是有能力的员工越不好管理，因为他们有很强烈的占有欲，或既得利益、或权势、或金钱，如果他们得不到想要的东西，他们可能会跳槽，也可能消极怠工。要想让他们安心、卖力地工作，就一定要有能激励他们的东西。这种激励因素正是人的欲求。

人的欲求是千差万别的。有的人比较理想，可能更看重精神上的东西，比如荣誉，尊重；有的人比较功利，可能更看重物质上的东西，比如金钱。针对不同的人，要对症下药，投其所好，用不同的方式去激励。

有一个经典故事经常被管理界引用，这个故事来源于新近翻译出版的IBM 商业魔戒三部曲之《小沃森传》：1947 年，小沃森刚刚接手 IBM 销售副总裁一职。一天，一个中年人沮丧地来到他的办公室，向他提出辞职，因为他原来的导师柯克和小沃森是竞争对手，他担心小沃森主政后会把他挤垮，这个中年人就是曾任销售总经理的伯肯斯托克。没有想到，小沃森笑着对他说："如果你有才华，就可以在我的领导下展现出来，乃至在任何人的领导下展现，而不光是在柯克的领导下！现在，如果你认为我不够公平，你可以辞职。但如果不是，你就应该留下来，因为这里有很多机会。"伯肯斯托克留下来了，并在后来为 IBM 立下了卓著功勋。小沃森说，"在柯克死后，留下他是我最正确的做法。"事实上，小沃森不仅挽留了伯肯斯托克，还提拔了一批他并不喜欢但却有真才实学的人。

这个故事体现的精髓，后来构成了 IBM 企业文化的一个重要营养来源。"吸引、激励、留住行业中最好的人才"如今已成为 IBM 人力资源工作的宗旨。而从另外一个角度来说，伯肯斯托克是 IBM 历史上一只很大、很厉害的"马蝇"。

对于管理者而言，如何才能善用"马蝇效应"呢？正确的做法应该是：

（1）强化动态的人才选用机制，对各项工作进行经常性的考核、评估，对一切职位实行能者上、庸者让的竞争上岗方针，让员工为了维护既有利益，兢兢业业勤奋工作。

（2）建立明确的行之有效的奖赏机制，刺激员工身上那些欲望的"马蝇"，让他们为了获得某一奖赏、达成某一目标自己跑起来。

（3）赋予员工行事权。授权的坏处就是员工可能会犯错误，给公司带来短期的损失；好处则在于，员工有了责任感和积极性，会在这两只"马蝇"的叮咬下，一丝不苟、积极进取地做好自己的工作。

（4）要想成为一个更好的老板，就要把那些精明强干才能非凡的下属当做叮咬自己的"马蝇"。既创造条件帮助他们最大限度地发挥自己的才干，同时又把他们视为自己的"假想敌"，借以激励自己不断进取，而不至于故步自封。为他们树立一个典范，让他们看看一个有权威的人是怎样处理问题、实现团队目标的。

法定权力是行政组织体系的基础

从某种角度看，当下存在着一个居官为耀、官僚泛滥的氛围。国内许多企业的内部各种官僚称谓层出不穷、名目繁多，时髦的企业内部通常有一串 CXO 名单，包括 CEO、COO、CTO、CFO、CRO、CMO 等，估计很少有人能明确区分彼此的关系。传统的企业都习惯对管理者尊称为“×总”，要准确识别也颇为费劲，一不小心就会犯晕。

实际上，以上绝非个别现象，官僚文化已经成为我国大部分企业的一种特殊文化。

逐步向现代企业制度转化，建立以法定权力为基础的企业组织内部权力体系，才是企业长久稳定发展的保证。以法定权力作为行政组织体系的基础，正是行政组织定理的核心内容。行政组织定理是被誉为“组织理论之父”的德国社会学家马克斯·韦伯提出的，他认为，任何组织都必须以某种形式的权力作为基础，没有某种形式的权力，任何组织都不能达到自己的目标。而只有法定权力才能作为行政组织体系的基础，其最根本的特征在于它提供了慎重的公正。原因在于：①管理的连续性使管理活动必须有秩序地进行。②以“能力”为本的择人方式为管理活动提供了理性基础。③领导者的权力应受到必要的约束。

韦伯认为，官僚组织模式具有下列特征：

（1）组织中的人员应有固定和正式的职责并依法行使职权。组织是根据合法程序制定明确的目标，并靠着这一套完整的法规制度，组织与规范成员的行为，进而实现既定目标。

（2）组织的结构是一层层控制的体系。在组织中，按照地位的高低规定成员间命令与服从的关系。

（3）人与工作的关系。成员间的关系只有对事的关系而无对人的关系。

（4）成员的选用与保障。每一职位根据其资格限制（资历或学历），按自由契约原则，经公开考试合格予以使用，务求人尽其才。

（5）专业分工与技术训练。对成员进行合理分工并明确每人的工作范围及权责，然后通过技术培训来提高工作效率。

（6）成员的工资及升迁。按职位支付薪金，并建立奖励与升迁制度，使成员安心工作，培养事业心。

韦伯认为，凡具有上述6项特征的组织，可使组织表现出高度的理性化，其成员的工作行为也能达到预期的效果，组织目标也能顺利达到。

尽管管理机制的逻辑如此简单，但随着企业的成长、业务的增加，企业这个官僚机构经常会变得越来越庞大，运行效率也因此越来越低下。这不是“官僚制”本身的错，究其根本原因是由于组织内部机制障碍所致。对于目前的中国企业而言，这一机制障碍更多的是表现在各类组织中传统权力和超凡权力的影响远比法定权力要大。很多中国企业的一个显著特点是，企业就是企业家，企业家就是企业。企业家或因卓越的远识、杰出的才能、非凡的人格魅力，或因“时势造英雄”而成为企业的绝对主宰和精神领袖，企业也乐于渲染个人权威、塑造个人英雄。这样企业家的传统权力和超凡权力就彰显于众。

与传统权力一样，超凡权力过于带有感情色彩并且是非理性的，超凡权力的合法性不是依据规章制度，而是完全依靠对于领袖人物的信仰，领袖必须以不断的奇迹和英雄之举赢得追随者，因而难以有效提高组织的效率。企业官僚机制最基本的法定权力一旦让位于传统权力和超凡权力，官僚机制本身的优势就会逐渐消失，“官僚”一词从技术意义上的“行政组织”演变为“效率低下”的代名词就不足为怪了。

官僚机制对很多企业的影响是致命的。官僚机制建立在“官本位”的基础和意识上，管理者过分重视自己的权力和表现自己的权力，事务的运行不是以事务本身的效率和效能为依据，而是以自己的权力是否行使、个人是否被尊重和被重视为依据，实际上就是个人凌驾于企业之上。最终整个企业靠权力体系来运行，运行的内容也主要是权力，而不再是企业的产品和市场。这就不可避免地会造成企业内部近亲繁殖，裙带关系盛行，最终导致个体与体系职业能力的整体降低甚至丧失，组织腐败、低效、无能就在所难免。

不问得到什么，只问贡献什么

21 世纪无疑是一个思想观念多元化发展的时代。在这样的时代应该谈论的不再是权力，而是责任和贡献，因为没有责任的权力根本算不上真正意义的权力，那是不负责任。说到权力时，每个人都应该负起责任，应该问“我该负什么责任”或“你应该有什么贡献”？在以知识为基础的组织中，管理工作不是使每个人都成为老板，其任务是使每个人都成为贡献者。

杜拉克曾说过：“赚钱不是目的，只是重要成果之一。”戴维·普卡德是 HP 公司创始人之一，他对企业存在的目的的诠释，可以说是对杜拉克事业理论的最好阐释。他首先解释了公司为什么会存在。换句话说，国家或企业家为什么要办公司呢？赚钱！这一定是许多人的答案，其实这种认识是错误的。虽然赚钱是公司的重要成果之一，但是你只要进行更深的思考，就会发现办公司不仅仅为了赚钱。你必然会得出这样的结论，即：一批人走到一起来，并以公司的形式存在，以便能够集体成就一番单靠自身力量不能成就的事业，也就是为社会作出贡献。这话听起来一点也不新鲜，但却是至关重要的。你为社会作出贡献，社会就会给你回报。

杜拉克有这样的观点：“为赚钱办企业永远不如为贡献办企业的收益大。”其旨在说明：只知赚钱的企业得不到太多的利益，而肯为社会作贡献的企业却会深入人心，也因此会得到更多的利益。比如：高丽雅娜是韩国的三大化妆品王牌之一，是最年轻的一家企业。与另两家有六七十年历史的企业相比，高丽雅娜创业仅有短短的 14 年历史。韩国的另外近 200 家知名企业中，创业历程一般也都是在35年以上。高丽雅娜却从它诞生时的业界最末位，在五年之内一跃而至前三位，十年内进入韩国企业100强。世界近30个国家和地区都有它的足迹，产品年销售额达3亿多美元。随着中国加入WTO和经济的稳定增长，高丽雅娜已经把中国作为它最重要的海外市场。是什么原因让它迅速崛起的呢？其中最重要的一点就是它对社会的贡献。高丽雅娜将社会效益当做一项无形的资本，它一向热衷于公益事业，以追求幸福社会为宗旨。纳税是企业对社会贡献的首要体现，而高丽雅娜被韩国副总统授予“纳税模范企业”。

杜拉克还告诉人们：“长远的利益肯定是较大的利益，而眼前的利益从来都是小利。”作贡献肯定是要付出，而付出时你不一定会马上收益，然而长远来说你一定会获得更大的利益。高丽雅娜就是这样的公司，它长期提供研究基金给大学和医学院，与他们共同开发新原料；在环境保护方面更是不遗余力，严格按照废水、废气和废物处理的要求和标准去做，力求完美，甚至把环保标准提高到国家规定的2～10倍以上。例如，废水经过净化处理后，最终经金鱼饲养喷水池流向外界。高丽雅娜还把环境保护意识带到了中国。高丽雅娜在中国试营业阶段，剩下了价值100余万韩元的滞销过期商品，尽管质量仍有保障，但高丽雅娜却出资请中国当地环卫部门当场销毁，而并没有像某些厂商一样将过期商品廉价抛向市场。高丽雅娜长年为工厂周围近300名家境困难的小学生提供午餐费。在禁毒方面，仅一次就赞助约一亿韩元予以支持。高丽雅娜为社会作出的贡献太多了，这不仅为它赢得了声誉，同时为它带来了更高的利润。

高丽雅娜创办了韩国第一家化妆品博物馆，藏品3000件，并且供免费参观；随着近年销售额不断迈上新台阶，高丽雅娜化妆品博物馆进行了扩建，继续免费对外开放。高丽雅娜在韩国能享有极高的社会声誉，还因为它分担了国家的负担，为2万多名女性提供了就业机会，能够就职于高丽雅娜成为韩国女性的荣幸，为了提高员工的综合素质，公司每年都派300多名员工出国培训。因此，高丽雅娜的每一次招聘会都会吸引很多仰慕者。

留意一下企业界，你仍会发现一些对其他事情漠不关心，却只对金钱感兴趣的人。杜拉克说：“管理工作不是使每个人都成为老板，其任务是使每个人都成为贡献者。一个重视贡献的人，为成果负责的人，不管他职位多卑微，他仍属于‘高层管理者’。”作为管理者讲的是贡献多少，而不是利益大小。也许有好多人认为作贡献只是一种冠冕堂皇的说法，那么就换个角度来想：你之所以能够赚钱，就是因为你为世界创造了价值，而你换来的钱正是需要你所创造价值的人给予你的回报。你为社会创造了有用价值，那么你就为社会做出了贡献，你的贡献越多越大，收到的回报也就越多。

古人说：“种瓜得瓜，种豆得豆。”每个人都知道这句话，也知道这句话的含义——付出才有收获。但是人们却往往忽略这句话的含义。

总听有人说：“只要老板提升我，我就不会在上班时间睡觉了。”或者说：“只要老板给我加薪，我就不会老是请假了。”这些话本身就是本末倒置。人们总是说如果老板怎么样我就会怎么样，就没想到如果自己做好了老板会怎样做？付出，才有收获。人一定要先去作贡献，不要妄想不劳而获。

也有人刚刚做了一点贡献，就希望能够得到回报，事实上，那也是不太可能的，就像我们播下种子一样，收获总是需要一个过程。你作贡献的时候应该只想付出，而不要急功近利。

还有人总抱怨：“我做了那么多贡献，怎么就得不到回报？”贡献就是付出，付出不图回报，但付出必有回报。就像你播下的种子一样，所有的种子中又有多少能发芽？能被保留到最终健康成长收获时？抱怨的人你除了盯着利益的回报外，又作了多少贡献？

诚然，企业需要利益，但潜藏在追逐利润背后的实际动力是一种要做一点事情，如生产一种产品或提供一种服务，总而言之是要做一点有价值的事情。所以作为管理者，一定要认识到：企业存在的真正目的是向公众提供某种独特的、有用的东西，从而为社会作出贡献。

实行“末日管理”，促进良性竞争

“末日管理”，顾名思义，就是说企业的任何管理者和员工在面对市场和竞争的时候，都要有一种如临深渊的紧迫感、危机感，都要明白任何一个企业都有衰败的一天，产品也一样。所以企业应该明白昨日的成功只代表过去的辉煌。

辩证的“末日管理”理念，形成了一种新的生产经营模式，它可以使企业进入良性循环。这种新理念和运作方式以建立全球性“横向比较”的信息体系为手段，以全员化、立体化、规范化的营销管理体系为支柱，以强有力的人才开发机制为保证，从追求卓越到追求完美，让危机意识成为全体员工的共同意识，让理念支配行动，使企业的生产经营活动始于市场，终于市场。

末位淘汰制是被企业采用最多的优化人员结构的方式。越来越多的企业随着规模的扩大，管理层次的增多，普遍存在员工“人浮于事”的现象。通过末位淘汰制这种强势管理，能够给员工以压力，建立严格的员工竞争机制，有利于调动员工的工作积极性，使公司更富有朝气和活力，更好地促进企业成长。

“末位淘汰”是对某一范围工作实行位次管理。规定在一定期限内，按一定的标准对该范围内的全部工作人员进行考核并据此排出位次，将位次列在前面的大多数工作人员予以肯定和留任，而将位次居于末位的一个或是几个工作人员予以否定和降免职。简单地说，“末位淘汰”是将居于末位的工作人员予以“淘汰”。

“末位淘汰”的作用包括以下三点：

（1）可以促使人们竞争、向上。实行“末位淘汰”，凡末位者就要遭淘汰。在这种压力下，人们为了免遭淘汰，就会加倍努力。

（2）可以增加工作业绩，提高工作质量。人人都加倍努力，就会多做工作，做好工作，多创业绩，争创佳绩。

（3）可以直接地、单纯地优化工作人员队伍。淘汰末位者不是孤立的，而是同时保留比被淘汰者合适的、更好的人员，又让出位置给新的比被淘汰者更优秀的人员。

“末位淘汰”的标准是“末位”。这一标准与上岗人员淘汰的正确标准有着很大的不同。上岗人员只要达不到岗位所要求的基本素质和基本目标，就要被淘汰。所以“末位淘汰”的标准不全面的话，就会出现以下几种结果：

（1）末位者有不胜任、不合格者。实行“末位淘汰”，使不胜任不合格者被淘汰，从而让位给胜任、合格者，以便更加出色、有效地完成工作。

（2）末位者有胜任、合格者。淘汰末位者，会有胜任、合格者被淘汰，对这部分人有失公正，使他们得不到肯定且没有安全感，这就容易引发一系列负面效应，甚至导致企业和社会不稳定。

但所有这一切不能阻止末位淘汰制的实行，因为它确实使得企业充满活力，保证企业可持续发展。当然，实行末位淘汰制要注意以下几点：

（1）目标要明确，且这个目标应该是员工通过努力可以达到的。如果定的目标过高，当员工感到没有实现的可能时，自然会产生消极情绪。其次，目标应该是可行的和可衡量的。在目标已定的情况下，企业管理者一定要经常帮助员工实现目标，例如，提供相应的资源、条件、机会和培训等。否则，如果最后由于员工自身原因无法完成工作，员工自己就会萌生退意。

（2）对员工的考核要目标明确，赏罚分明，考核指标应合理一致，考核过程要公正公平。最行之有效的办法就是提高员工的工作积极性，可以通过以下几种方式来实现：①向员工传达公司对未来的构想。②适当加薪。③建立完善的业绩管理体系。④不断提升员工的工作能力。

从目前情况来看，政府能供给的资金越来越少，靠政府扶持已基本走到了尽头。混合股权的企业越来越多，如果还是按传统市场经济规律运作的企业，就不可能永葆青春。只有接受市场经济的劳动观念，不断学习，与时俱进，不断充实自我，才能跟上时代和社会的步伐。同时，要时时刻刻保持一种如履薄冰、如临深渊的心态，给自己适当的压力，不断充实自我的同时保持良好的心态。这样的企业才是健康的企业，这样的管理，才是永葆青春的管理方式。

实行“末日管理”，是为了让员工时刻充满危机感，保持警醒，使企业的各项工作一直保持高质量、高效率运行，从而提高整体竞争力。

没有永远的错误，只有不断改进后的正确

彼得·杜拉克说："管理是实践而不是实施，管理不是了解而是行为。"没有现成的管理条例供你实施，管理是在实践活动中逐步改进，从而找到正确的方法。这就要求管理者在管理过程中，勇于探索，勇于犯错，勇于承担责任，善于纠错。有责任才有动力，有目标才有方向，有实践才能改进，有改进才能正确，只有这样企业才会一步步地走向成功。

一直引领电子产品新潮流的索尼公司，曾在《财富》杂志年度世界500强排行榜上排名第31位。但很少有人知道，它的前身是一个街道小企业。创始人之一的盛田昭夫从零开始，历经曲折、坎坷，带着索尼一步步走向辉煌，最终把它做成了全球著名的跨国公司。

1946年，索尼公司的前身——东京通信工业公司成立了，这是盛田昭夫与井深大一起奋斗创建的。公司开创不久，他们就取得了新的进展，他们利用自己在物理学方面的专长，研制出了磁带录音机及磁带。这种录音机比原有钢丝录音机具备了三大优势：①革新了技术，使用方便。②录放的音质高，效果好。③成本大大降低。在有关专家鉴定的时候也是好评如潮，很多人都认为这种新型录音机一定能畅销。

盛田昭夫怀着激动的心情把它推向了市场，但是结果很出乎人的意料，这种录音机不被大多数的购买者所接受。后经多方考证，原来是很多人还不清楚这种产品是干什么用的。于是，他开始大量搞推销宣传活动。他用汽车拉着产品，到公司、学校、商店以及任何人群聚集地去展示新产品。当用这种录音机录下人们的谈话，然后再放出来时，所有的人无不感

到惊奇万分。经过一段时间之后，购买的人却依旧很少，这是为什么呢？原来大家都有同样的感觉：这东西确实很新鲜，也很实用，不过，如果把它买来做娱乐，价格就有些贵了。

事实让盛田昭夫非常失望，他一度怀疑自己是不是错了，压根就不应该生产出这个东西，不过他还是坚持着自己的信念。有一天，一件偶然的事情却让他明白了。他在一家古玩店发现：有一个非常破旧的瓶子，在别人眼里看来是没有什么实用价值，结果一位顾客毫不犹豫地以高价将它买下了。这件事让盛田昭夫茅塞顿开：原来不是产品的问题，是自己销售方式的问题。任何事物对于适用者才有价值，正所谓物尽所值，才能物尽其用。一定得面向能用得到它的人来推销，那样新产品才会畅销。杜拉克认为："有效的管理者能够排除任何影响他们工作的障碍。"任何人都一样，工作中没有障碍几乎是不可能的，但是有效的工作者一定能够克服困难，排除障碍。盛田昭夫无疑是这样的人。

后来，盛田昭夫偶然得知，一些企业速记员严重短缺，有的公司的速记员不得不经常加班，于是，他马上带着自己的产品去推销，果不其然，很快就有企业大批订货了。一次成功的推销，使他开始认真地研究市场。当时的日本，学习英语的风气已经普及开来，学校很多都开设了英语课。但是当时的英语老师不多，而且学习英语要练习口语和发音，没有一种十分适合学习英语的工具。得知了这一情况，盛田昭夫和井深大针对学校的实际情况，连续废寝忘食了几个昼夜，克服了一个又一个的难题，设计并制造了一种价格低廉、体积小，适合学校使用的磁带录音机。结果在当地的学校大受欢迎。就这样，录音机便迅速普及到全国各地的学校。销路一打开，磁带录音机成了热销货。连续的困难给了他们很多的阻力，他们的公司也一度受到质疑，但正是这种勇于创新和探索的精神在支撑着他们，使他们因此获得了丰厚的回报，索尼公司由此奠定了一个坚实的基础。

世上没有绝对的事。谁也不是神，没有任何一个管理者能够做到万无一失。在管理过程中，要主动为自己设定工作目标，并不断改进方式和方法。遇到问题是正常的，不要退缩，要认真思考，看问题出在哪一步，然后再想出解决的办法。管理中没有绝对的正确，也不会有永远的错误，只有放弃和不断改进后的正确。

社会永不停止变革，时代永不停息进步。因此，在商界，顾客会发生变化，市场竞争格局会发生变化，市场地位和占有份额也会发生变化，当然，企业管理也会发生变化，而且变化速度之快，常常会令企业家有应接不暇、无所适从的感觉。由于变化太快，过去很有名望的预测专家都失去了水准，谁也不敢对未来妄谈什么。许多缺乏创见的企业家因为害怕莫测的未来而只能紧紧依附于我们的过去。

现实中，大量的实例告诉我们，在这个瞬息万变的时代，企业面临的机遇和挑战是并存而且是势均力敌的。市场竞争的格局改变了，顾客的消费方式和选择也变了，变革本身的性质也改变了。最重要的是，变革已经成为大部分企业发展的手段，它普遍而且持续。企业之间的兼并和收购时刻发生，同时也时刻改变着市场的结构和秩序。新材料、新技术的不断出现，顾客需求和期望的不断上升，使得产品生命周期急剧缩短。所以，现代企业要应对变革的形势必须进行文化上的变革。

应对市场带来的变化，企业要时时刻刻想法应对，但是同时，企业的决策本身就有一定风险性，任何人进行冒险决定都有犯错误的可能。一个企业的发展过程，就像一个人的成长，三灾五病，磕磕绊绊，不可能不出现差错和失败。如果失败了，就一定要承认自己的错误，并且在认真总结后吸取教训。

在企业管理中，没有永远的正确，也没有永远的神话；不会有永远的错误，也不会有永远的罪人。昨天的“异端”可能是今天的真理，昨天的“真理”可能就是今天的错误。或许你已错过，或许你的错误还没来到，但你一定要相信，在管理过程中，没有不犯错误的，关键是错了能够及时改正。

企业的目标管理

杜拉克认为：企业的目的和任务必须转化为目标，目标的实现者同时也是目标的制定者。首先，他们必须一起确定企业的航标，即总目标，然后对总目标进行分解，使目标流程分明。其次，在总目标的指导下，各级职能部门制定自己的目标。再次，为了实现各层目标必须下放权力，培养一线职员主人翁的意识，唤起他们的创造性、积极性、主动性。除此之外，绝对的自由必须有一个绳索——强调成果第一，否则总目标只是一种形式，而没有实质内容，岂不是空中楼阁？

企业管理人员必须通过目标对下级进行领导，并以此来保证企业总目标。如果没有方向一致的分目标来指导每个人的工作，则企业的规模越大，人员越多时，发生冲突和浪费的可能性就越大。当今世界上赫赫有名的丰田汽车工业公司，每年生产各种汽车300多万辆，其中50%出口，年营业额高达6万多亿日元，居日本汽车制造业的榜首。在世界十大汽车公司中，丰田公司仅次于美国通用汽车公司而名列第二位。丰田公司生产的轻型小轿车，更是以它质量上乘、美观耐用、上门服务而遍布全球。“车到山前必有路，有路必有丰田车”的广告语，实际上就是丰田公司的追求。

杜拉克指出：“凡是工作状况和成果直接地、严重地影响着企业的生存和繁荣发展的地方，目标管理都是必要的。”丰田汽车公司在自身的发展过程中，通过对日本与美国在经济发展速度上反差大的认真比较和分析，找到了日本人在生产管理上存在的致命弱点，就是生产过程中的浪费现象。以前，按照传统的作业方法，装配工厂总是将储存在仓库里的汽车零件在装配线需要时才运到现场，这就需要公司拥有较完善的仓库设施、运送汽车部件的人员和仓库管理人员。公司生产出目前不需要的汽车部件存放在仓库里，不仅浪费了人力、物力，而且库存零件就等于占压了资金。为了改变生产过程中的严重脱节而造成的浪费现象，丰田汽车公司实行了独特的传票卡制度。

这种制度以销售公司需要的汽车数量为大前提，以最后一道工序为起点，上道工序只生产下道工序所需要的汽车部件的数量。“传票卡”上面记载着何时生产、生产多少、运往何地等多项指示。装配厂将用完的空箱送回原处，各零件生产工厂就根据“传票卡”上的指示，装好零件再送到装配厂，绝对禁止超过票上规定的数量领取部件。这样就使各原料工厂、零部件工厂和装配厂不但分工细，而且能自我约束，从而做到了忙而不乱，井然有序，大大减少和消除了生产过程中的浪费现象。

传票卡制度合理完善后，丰田汽车公司由于按计划生产所需要的东西，不使生产的产品过多，减少了仓库的产品积压，降低了生产成本，公司取得了很高的经济效益。据统计，丰田公司设置的零组件仓库仅是日本第二大汽车公司——日产公司的1/5，仅这一项每年节约开支就达40亿日元。

目标管理理论强调自我控制，注重成果第一的方针，促使权力下放，突出民主管理。为了实现企业的总体目标，首先确立企业的整体目标，然后制定企业各部门员工的目标。

丰田汽车工业公司实行的是目标管理理论。为了实现公司的总体目标，丰田公司从生产作业、营销管理、管理制度等方面加强着手，层层有目标，人人有责任，人人有动力。

丰田公司为了提高生产效率，最大限度地降低成本，公司实行了建议制度。公司积极鼓励每一位职工提出生产经营管理方面的合理化建议，然后对每项建议认真研究，只要能提高公司的经济效益，公司都会积极地采纳。建议一经采纳，就要支付给报酬。这种报酬的数额最低为500日元，最高为10万日元，主要是根据建议的大小、经济效益的高低而定。

建议的内容非常广泛，大到每辆汽车的设计、组装的改革，小到怎样利用信封和短铅笔头。有些建议由于经济效益价值大，而获得了专利。例如，某职工提出改进汽车坐垫下面的弹簧建议，公司采纳后每月可节约开支240万日元，并且每天可减少两个人工。为此，他不仅获得了公司奖励的10万日元，而且在日本和美国申请了专利。

建议制度的实施得到了职工的积极拥护。1977年丰田汽车公司全体职工提出了46万多条合理化建议，每人平均10条，其中被采纳的达38万多条，为公司节省开支260多亿日元。

丰田公司的建议制度，使其产品质量越来越好，产品返销率和赔偿费直线下降，销售额急剧增加。近年来丰田汽车在美国的市场占有率已达42.2%，建议制度在其中起到了很大的作用。

民主管理是丰田汽车工业公司管理制度最大的特点。丰田汽车工业公司提倡人人有建议、人人有报酬，这种民主管理制度的实施，使职工有了畅所欲言的权力，得到了职工的拥护，最大限度地调度了员工的积极性，同时使产品质量得到了提高，各层目标得到了实现，实践了杜拉克的参与管理“自我控制”的管理理论。

1950年，在丰田公司债台高筑、濒临破产时，公司接受了日本中央银行的建议，将汽车生产公司与销售公司分开。由于“产销”分开，各行其职，销售公司可以自行决定推销方式，表现出了高度的灵活性和强大的活力。

在1977年，为了促进销售，销售公司建立了“推销责任区域制度”。这种制度就是在全丰田系统成立特约经销店，并根据汽车的类型，把经销店分为“丰田店、小丰田店、奥特牌店、花冠牌店”，每个经销店下设若干营业所。就这样，销售公司建立了四大系统的经销店252个，下属营业所2850个，共有推销员28000多名，形成了庞大的销售网络和销售队伍。在此基础上，明确划分出每一个经销店所属营业所的责任区域和每个推销员所负责的经销地段，使公司的流通网络星罗棋布。

为了牢牢控制自己的责任区域，公司制定了《责任区访问法》。访问的主要内容是：挨区访问，争取不漏一家一户；按行为一个一个地访问，收集各行业购买汽车的情报资料；针对购买汽车的大主顾，进行重点访问。此外，还有根据季节、汽车种类而进行的访问。

为了保证责任区最大限度地销售汽车，销售公司给推销员制定了销售汽车的定额。公司根据每个推销员的具体情况以及他们所在的地段，按月下达销售数额。一般新推销员每月要售汽车 13 ~ 14 辆。经销店要求每一个推销员必须完成自己的销售数额。这种科学的分工、严格的管理，成为丰田公司数以百万计的汽车源源不断地售出的关键所在。

这些强有力的营销管理也是目标实现的手段。生产和销售搅拌在一起，是丰田汽车工业公司一大致命的弱点：捡了芝麻，丢了西瓜。丰田公司实现“产销”分开，各行其职，建立了“营销责任区域制度”。这样丰田汽车工业公司，层层有目标，人人有动力，为目标实现提供了保障。

目标管理又称为成果管理，是思想的产生及发展，是许多管理学家努力的成果。凡是工作状况和成果直接地、严重地影响着公司的生存和繁荣发展的地方，目标管理是必要的，而且希望管理者所能取得的成就必须来自企业目标的完成，他的成果必须用他对企业的成就有多大贡献来衡量。

其实目标管理思想在古典派经济管理大师泰勒的科学管理中初见端倪。对员工实行工资差别制，就是实现目标管理的一种表现。按照每个管理人员和工人的目标任务完成情况和实际成果大小来进行，以激励其工作热情，发挥其主动性和创造性。目标管理规定了每个人在一个特定时期完成的具体任务，从而使整个管理部门的工作能在特定的时刻内充分地融合为一体。所以，应当为公司所有子公司、工作人员规定具体目标，并且要及时评价实践，特别是要用一个标准来评价。

现代文明时代任何人都主张推崇民主、拒绝独裁。管理者不是一位体育教练，而是一位实干家。管理者下放权力，有利于为职工创造一个舒心的工作环境，而不是家长式的管理的氛围。

目标管理的最终目的就是体现效益。一个好的目标会给公司带来竞争力，因此整体目标的确定要有前瞻性。传统的管理方式，往往容易犯主观主义错误。

制定企业各部门、员工目标一定要责任清楚、分工合理，这是前提。

在制定目标时，一线员工和领导要畅所欲言，各抒己见，充分体现民主，这样才能使下面的目标与公司总体目标相协调，促进总体目标的实现。

总之，通过将组织的整体目标层层展开和具体落实以及正确确定下属人员的工作目标，就形成了组织目标体系。之后，为了使组织目标得以实现，还需做好目标实施所需的各项准备工作。较高层次的管理者通过与其下属共同确定目标，对下属完成目标所需的资源情况，组织内部确定并协调对各种资源的需要量，将组织可支配的各种资源与组织目标联系起来。在企业组织中，为实现目标所需做的准备工作包括：对经费的分配、人员的配备、技术资料、工艺装备、原材料、燃料、动力、劳动定额、设备检修以及技术组织措施和生产调度工作等。

二、管理的制度不是越细越好，而在于能够执行下去

我们常常看到这样一种现象：目标提出了，决策做出了，任务下达了，结果却难遂人愿或不了了之。于是管理混乱、效率低下便成为这类组织中的一个共性。症结在哪里？——执行，在于目标与结果之间因执行不力所形成的那道鸿沟。

执行“精简高效”不容拖沓

有一天，梭鱼把泥鳅逼到无处可逃的角落里，捉住了。泥鳅一见大事不好，就说：“你呀，亲爱的大娘，忏悔了没有？”

“没有。”

“那么，我先替您忏悔，然后您再吃我好了。”

梭鱼问：“你预备在哪儿给我忏悔呢？”

“那边有座教堂。”

梭鱼信了泥鳅的话，两个一齐上教堂。可是泥鳅把梭鱼领到鱼笼前，说：“你随我进来。”

它们钻进了鱼笼，梭鱼长得大，没法后退，可是对泥鳅来说呢，这个鱼笼里真像有十七扇门，它飞快地钻了出去，还绕着鱼笼游了一圈．对梭鱼说：“在那儿待着吧，虔诚的女信徒，等渔人神父来吧！”

泥鳅面对梭鱼的威胁，敢于行动，引领梭鱼进入鱼笼，自己乘机逃脱，这是他最好的脱险方法，也是他真正的“精简高效”。梭鱼再气怒也无济于事。

在企业管理中，管理人多学学泥鳅的方法，企业要避免危机，要逃脱危险，就应该“精简高效”，而且一定要在行动上下狠斧：

（1）动手要果断快速，绝不能拖泥带水，拖拉也就失去了效益，也就失去了抢救的时间。

（2）精简机构和减裁冗员是一种方法，但一定要下狠斧，有时甚至要做到无情。人之间的感情是原则问题的绊脚石，企业管理者一定要把绊脚石踢开。

（3）对生产线的改造也要下狠斧，要引进先进的技术，不能抱残守缺，而应永不言弃。

（4）制定一系列的完善的代理方式，以利于新产品上市场的快速运转流通。

吉德拉即是利用了他的果断实现了精简高效：

1899 年，乔瓦尼·阿涅利与他人联手创办了一家汽车公司。1906 年，阿涅利将公司定名为意大利都灵汽车制造厂，后来改制为股份公司：F. I. A. T（中文音译——菲亚特），既是公司名称的缩写，又是产品的商标名称。

1949 年，阿涅利的孙子贾尼·阿涅利被指定为菲亚特公司副董事长，1966 年，被正式推举为菲亚特公司的董事长。在阿涅利的领导下，菲亚特公司发展迅速，旗下的菲亚特汽车公司成为意大利最大的汽车制造企业，也是世界最大的汽车公司之一。

但是，在 20 世纪 70 年代，由于面临国际汽车市场疲软，意大利本国工资升高、物价上涨的严峻形势，再加上公司内部出现了管理问题，菲亚特汽车公司经历了历史上最不堪回首的日子，公司连年亏损，在世界汽车生产商的排名榜接连下跌。此时，菲亚特集团的决策层中有不少人力主甩掉汽车公司这个沉重的大包袱。消息传出后，菲亚特汽车公司上下一片恐慌，都不知哪一天公司就会被卖掉或是解散。

1979 年，阿涅利任命 47 岁的维托雷·吉德拉出任菲亚特汽车公司总经理。

吉德拉能给员工们的心神不定带来什么呢？

吉德拉看起来没有什么办法。

他总是带着微笑与大家在一起交谈、访问。

他询问的问题倒是不少。

不久。吉德拉的小本已经记满了最后一页。一天，他合上笔记本，召开了公司管理人员会议。

“诸位，近年来我们公司每况愈下，似乎要从欧洲汽车生产商的序列中消失了！对此，我作为一名老菲亚特人，深感痛心！今天，请大家思考，菲亚特的问题在哪里?”

一片沉默。

吉德拉随即宣布：“散会。”

众人神情严肃地离开会议室。

看着大家的背影，吉德拉满意地笑了。看来，他的计划已成功了一半：他相信今天的会议已经调动起了大家的情绪，首先是高层管理人员的斗志，别看大家默不作声，其实都已经开动脑筋了。这样，就能为下一步的计划铺平了道路。

几天后，吉德拉又召开了公司管理人员第二次全体会议，这一次，他没有马上宣布散会，而是举起了他的“三板斧”：“我们要大幅度地进行机构调整，大家要有足够的心理准备和承受能力。”吉德拉严肃地说，“菲亚特汽车公司机构重叠，效率低下，是导致企业缺乏活力的重要原因……”

吉德拉动手果断。很快，他关闭了国内的几家汽车分厂，淘汰冗员。职工总数一下子减少了1/3。由15万人降至10万人。这次机构改革的另一个重点是对菲亚特汽车公司的海外分支机构的调整。这些海外机构数量众多，但绝大部分效率低下，所需费用却很庞大，经常是入不敷出，成为公司的沉重包袱。吉德拉毫不犹豫地撤掉了一些海外机构。他停止在北美销售汽车，还砍掉了设在南非的分厂和设在南美的大多数经营机构。

吉德拉的“精简高效”遇到了强人的阻力。菲亚特汽车公司的员工人数在意大利首屈一指．被称为“解决就业的典范”，这次裁减人员的数量如此巨大，自然引起各方议论，但吉德拉丝毫不为所动，坚定地完成了计划。

吉德拉的“第二斧”是对生产线的改造。吉德拉通过在工厂的实地调查，认为公司技术落后、生产效率低下是造成它陷入困境的重要原因之一。吉德拉大量采用新工艺、新技术，利用计算机和机器人来设计和制造汽车。正是根据计算机的分析，使汽车的部件设计和性能得到充分改进，使其更为科学和合理化，劳动效率也随之提高。

新工艺、新技术的采用带来的另一个结果是公司的汽车品种和型号大大增加，更新换代的速度大大加快，这就增强了菲亚特汽车的市场竞争能力。

吉德拉的“第三斧”是对汽车销售体制的改革。过去菲亚特汽车的经销商不需垫付任何资金，而且在销售出汽车后，也不及时将货款返回菲亚特，而是占压挪作他用。这使得菲亚特的资金周转速度缓慢，加重了公司的困难。

吉德拉对此做出了一项新的规定：凡经销菲亚特汽车，必须在出售汽车前就支付汽车货款，否则不予供货。此举引起了汽车经销商的强烈反对。但吉德拉始终坚持已见。结果有1/3的菲亚特汽车经销商被淘汰出局，其余的都接受了这一新规定，这大大提高了菲亚特汽车公司的资金回笼速度，减轻了公司的财政困难。

在吉德拉的主持下，菲亚特汽车公司通过一系列改革，成效显著，重新焕发了活力。

管理者精简机构，可以激发人们对工作的紧迫感，提高工效。因为：“人才常常是在工作多而人员少的地方冒出来的。每个人只有把自己的工作担子加重，干着超过自己能力的工作，才能在经受困难的折磨后成为人才。”

组织机构对于企业来说，就是身材和衣服的关系，身材瘦小，却穿了一件肥硕的衣服，怎么看怎么别扭，而且还影响行动。因此企业需要对机构进行撤销归并，组织并组建适合企业发展的健康的组织机构，适当的精简结构，划分好企业各个阶层的职责，再据此配备胜任的员工。只有这样，才能确保组织机构的高效运转。

像小公司一样行动

韦尔奇认为，尽管大公司也有自己的优势，比如资金雄厚、永不满足等等，但这并不表明大企业不需要快速、简单和灵活。相反，如果大企业可以做到这一点的话，往往就会更具竞争力，会获得更大的发展。

在不断增大的组织内部有着无数的制度和规则，它们直接或者间接地规范着人们的行动，从而使庞大的组织得以像一部机器一样运转。然而，尽管制度和规则对企业的制度化和规范化起到了不可忽视的重要作用，但过细的制度同时也使人们被越来越多的琐事包围，越来越远离事实真相。人们不能果断地做出决策，因为无法得到真实的信息；人们不能采用最有效的方法解决难题，因为必须遵照制度规定；人们不能快速地行动，因为还需要层层请示，得到批准。过度的制度化使得企业变得僵化和臃肿，就像一个穿着水泥靴子跑步的人，不但速度缓慢，而且不够灵活。

而小企业则恰恰相反，人们很难在一个生命力旺盛的小企业中找出哪怕一个“复杂”的环节。它们不会乱作一团，总是简单而不拘形式。每个人都充满工作热情，都有充分的自主权。讨论时总是简单、直接、充满热情，没有大公司那种被术语所淹没的备忘录、虚张声势的反应，以及对下属意见的不屑一顾的态度。所有的人都接触市场，都了解顾客的需求，同时也明了这种需求的发展趋势。它们有强烈的危机意识，有快速行动的欲望，因此它们总能灵活地面对现实。用一句话来概括就是：小公司是简单的，这种简单使它们获得了生存和发展的机会。

杰克·韦尔奇喜欢小公司的单纯简单，喜欢它简单的行事风格，甚至喜欢它的“不正规”。他认为，所有这些都是企业竞争优势的来源，都会为企业的发展提供有力的支持和保障。因此，通用电气必须具备这些素质。

为了使庞大的通用电气变得像小杂货店一样精干、灵活、行动敏捷，韦尔奇缩小了公司规模，削减了官僚组织结构，同时转变了管理人员观念，积极引导他们从实行监督、批准的管理者向提出建议、促进业务的管理者转变。管理思维的转变使员工得以解放，全体员工都能够以更大的热情积极投身到真正有意义的工作中去。所有的这些都很好地实践了韦尔奇所提出的“像大公司一样思考，像小公司一样行动”的管理理念。

韦尔奇说，通用电气的确很大——它每年的销售额都以十亿美元为单位计算，但它始终是一个企业。对于其他企业重要的问题对通用也同样重要，比如顾客是否满意、员工是否满意、现金流动是不是合理，这些问题对于小杂货店是相当重要的，对于通用也同样如此。

“长久以来，我们没有意识到这一点，我们只关心那些毫无意义的数字和报表，而对这三个关键问题却视而不见，这使我们做了太多的无用功，浪费了太多的时间。现在，我和员工们每天只关心三件事：架上的货物是不是有人买；口袋里还有没有现金；顾客是不是带着笑容来，带着感激走。”关键问题往往都是简单的，企业只要找出它们并加以把握，就可以像小公司那样快速灵活。

韦尔奇认为，像通用这样的大公司，要在竞争越来越激烈的全球市场中生存，就必须改变大公司般的行动和思考模式，它应该学会轻巧、灵活，并开始以小公司的角度来思考。

“我们必须找到结合能量、资源的方法，改造成虽然是大公司，却拥有小公司的渴求、灵活和狂热。”韦尔奇说。

韦尔奇感觉到小而灵活的公司有巨大的竞争优势：

（1）小公司有更好的沟通。没有官僚体制的啰啰唆唆，人们听的同时也在说；更因为人比较少，他们通常也更能认识和了解彼此。

（2）小公司行动较快。它们清楚在市场上犹豫不决的代价。

（3）小公司里有较少的层级和粉饰，管理者的表现会清楚地显露出来。他们的表现和影响，大家都很清楚。

（4）小公司的浪费也比较少。它们花较少的时间在无穷无尽的审察、认可、打通关节及文件上。人较少，因此只做重要的事。它们的人可以自由地把自己的精力和注意放在市场上，而不是和官僚体制对抗。

韦尔奇的目标，就是要让通用尽可能地变成轻巧、敏捷的小公司，他是怎么做的呢?

（1）他处理掉整个第二和第三个层级的管理阶段——也就是部门和小组。在20世纪80年代，各事业的管理者要向副董事长报告，副董事长再向执行副董事长报告，这些人各自都有自己的班底。韦尔奇改变了这个现象，使得14名事业管理者可能直接向董事长办公室里的3个人报告——韦尔奇和他的两位副董事长。

新的安排被证明是惊人的干净利落、简单有效。主意、创见和决策常常以声速传播。而在以前，它们常常被繁文缛节和压抑沉闷的道道审批所阻塞和扭曲……而现在，办公职员将他们自己看做是提供方便者、建议者、业务操作的合作者，双方的满意程度在提高，合作的感觉也增强了。地方主义让位于日益增长的同一感和共同目标感。

（2）在修整官僚层级、改变高级主管的监督角色后，韦尔奇又迈出了另一大步，在1998年设计出“合力促进”计划，因而在通用的组织里，注入更多小公司的灵魂。虽然这位董事长当时并不知道，但“合力促进”计划后来经证实是他最重要的创意之一，而且这也是这家公司未来征程中仍在被验证的事实。

尽管戴尔公司成立的时间并不是太长，但它却是一个名副其实的“大企业”。它之所以能够成为“大企业”，所采取的就是韦尔奇的“以小求大”策略。

2003年戴尔公司的营业额达435亿美元，位列《财富》500强的48位。2004年5月，戴尔公司又荣登全球电脑市场占有率第一的宝座，成为世界领先的电脑系统商。

与其他大企业不同的是，戴尔公司内部不存在纷繁复杂的环节，也没有琐碎的制度和规程。它的一切都是简单的，每个人都保持着与顾客的密切接触——即使最高管理层也是如此。没有批文、请示和等待，每个人（即使一线员工）都有权力处理自己职责范围内的事。

在戴尔公司位于奥斯丁的组装车间里，人们可以运用最有效率的方式接受订单、联络供应商、订购零部件、安排货运等。这种“随心所欲”的工作方式很好地配合了公司独特的业务流程，使84%的货物在收到订单后的八小时内就能完成从设计、制造到发货的程序。及时送货还保证了货物在工厂里停留时间不超过两小时。这种小公司般灵活高效的运作方式使戴尔公司获得了极大的竞争力，有力地支持了其在国际电脑市场上的拼争。

过去说的“大鱼吃小鱼”早已经被“快鱼吃慢鱼”的理念所取代，这就要求大企业在拥有成熟运作模式的同时，具备小企业一样的运作方式，能够灵活机动地适应市场竞争，“像大企业一样思考，像小企业一样行动!”在如今全球经济竞争激烈的大环境下，规模大的公司不一定就能打败规模小的公司，但是速度快的公司一定能够打败速度慢的公司。这一点是确凿无疑，因为信息社会是一个机会人人均等的社会，企业如果想要在这样的社会里获得最终的胜利，那么必须抢在其他竞争对手之前完成战略布局，并且立即付诸行动。事实上，在一个竞争激烈的市场中，抢先做出选择和行动的企业一般都能够获得比其他企业高得多的利润回报。

做正确事比正确做事重要

正确地做事，更要做正确的事，这是一个有效提高工作效率和效能的重要方法，更是一种重要的管理思想。无论何时何地，对于任何人或者组织而言，“做正确的事”远比“正确地做事”重要。对企业的生存和发展而言，“做正确的事”是由企业战略来解决的，“正确地做事”则是执行问题。只要你做的是正确的事，即使执行中有一些偏差，其结果也不会致命；但如果你做的是错误的事情，即使执行得完美无缺，其结果也注定是错误的。

杜拉克说：“做正确的事远比正确地做事重要。如果以极高的效率去做本来就不该做的事情，最徒劳无益的工作也莫过于此。”所谓做正确的事，强调的是事情本身的正确性，是追求效果；而正确地做事强调的是做事的方法的正确性，是追求效率。显然做正确的事远比正确地做事更重要。我们看一看耐克公司在管理方面是如何“做正确事”的。

许多人都知道，世界著名的运动品牌公司 Nike（耐克）于 2005 年主办了街头篮球争霸赛事。这个公司的标志“飞天勾勾”是速度、年轻、时尚、品质、运动的象征。纳克公司何以如此？耐克公司的管理阶层认为应该归功于他们优秀的员工。现在人才竞争之激烈，耐克公司又是凭借什么吸引优秀人才呢？其实耐克公司最大的优势是用品牌魅力以及其独一无二的企业文化吸引优秀人才，然后给最优秀人才最好的环境。因为一个优秀的人才自然希望把有限的精力投入到做实事，提升自我价值上，这就需要人与人之间能够相互信任，而不是把时间浪费在处理复杂的人际关系，应付人为的繁琐的流程报告上。

好的企业文化才能造就良好的工作环境，这一点体现于日常工作中的点点滴滴，比如说“弹性工作制”。作为一家以运动系列产品驰名的公司，耐克首先希望自己的员工身体健康，倡导的是工作与生活平衡的理念，所以耐克公司不提倡加班。耐克管理层认为如果员工总是加班，说明我们的管理层在是否用对人方面或是人员配置和工作量的把握上出了问题。耐克希望员工能自我调节，很好地平衡工作与生活的关系。公司的“首席执行官”一下班就第一个回家了，几乎没有过留在办公室里加班的情况。尽管有些时候他可能把工作带回家去做了，但他下班就带头离开办公室的做法是一种姿态，意思是告诉员工，公司并不要他们牺牲生活提供服务。其实，任何人都一样，除特殊情况不得已外，没有任何员工愿意加班，由此可见耐克公司的管理绝对人性化。

提倡简单方法做最正确事一直是耐克公司的管理理念，其实这种理念也符合杜拉克的思想：“有效的管理者知道时间是他最为珍贵的资源，必须极为仔细地使用它。”生命太短暂，竞争太激烈，没时间去毫无意义地争辩。用最简单的方法做正确的事并达成目标是耐克人的追求。很多时候，一件事情牵扯到多个部门，而每个部门都有各自的意见，这样的情况往往会来来回回地讨论都无法达成共识。遇到这种情况，耐克员工习惯于在往来的邮件签名下方附上一段简短的话，以提醒自己和同事不要纠缠在不同意见中，赶紧求大同解决问题的方法。这种深入员工心中的自觉意识帮助耐克提高了工作效率。再比如，耐克经常用的面试方式不同于其他公司，这一轮人事资源经理把关看素质，那一轮业务部门经理看专业能力；他们不是分成几次面试，但是为了保证客观全面，由人事部经理、业务主管、该部门员工、老板组成一个面试团，一次性完成。这样对公司也好，对应聘对象也好，都会节省时间，而且不会太疲惫。

耐克公司做正确事的管理理念还给了员工发挥创造力的最大空间。在耐克公司绝对不会有人说：你不在这个位置上，这事你不要做。只有你认为这件事是正确的，那么你就可以大胆提出建议，积极参与和承担责任。在耐克公司你会觉得周围充满了机会，所以，你就会工作得很开心，并且能发挥出自己最大的潜力，使自己觉得每天都有新的想法可以去实践。耐克公司还专注于员工卓越的想法和实践，鼓励员工自己做决定，激发其创造性和无穷潜能。这点在市场部门和销售部门尤为显著。耐克公司的上级在给下级任务之后，不会过分干预或监督员工做事，员工可以最大限度地发挥自己的主动性，可以独辟蹊径地去完成，甚至可以提出意见或建议，找到更好的途径获得更佳的结果，而上级只会在适当的时候为下级提供支持与帮助。

做正确的事是事情的本身正确，是做事的方向正确，而正确做事是指事情的过程。杜拉克还告诫人们："我们不一定知道正确的道路是什么，但却不要在错误的道路上走得太远。"作为管理者一定要先确定事情的正确性，然后再正确地去做。如果你不能确定一件事的正确与否，就一定不要盲目地去做。

随着时代的进步，管理也在不停地向前发展。作为一个现代的管理者，一定要相信"做正确的事比正确地做事更重要"这个重要的真理。因为"正确的事"，是企业成功与否的根本。

任何一个企业发展到一定规模，或生存环境发生变化时，都不得不进行发展战略的重新选择和调整。这时，做正确事就显得尤为重要。在这生死攸关的转折点上，管理者不光要做好管理，让客户享受到上帝般的服务，更重要的是关注企业的自身命运，让企业立于不败之地，给客户带来长期稳定的服务。

正确地做事不再是一味的例行公事。正确地做事也不是被动的、机械的工作方式，更不是制度的奴隶。正确地做事并不是只对上司负责，对流程负责，也不是对领导绝对的服从，不知变通。那种不求有功，但求无过，不思进取，安于现状，做一天和尚撞一天钟的工作方式，明显是在混日子，而绝不是在正确做事。

正确地做事应该是积极主动的，为实现目标而最大限度地发挥主观能动性的一种社会活动。从一开始时就为最终目标去做事，这是做正确的事的有力保障。在开始做事之前，只要明确了最终目标，就会使我们逐步形成一种良好的工作方法，养成一种理性的判断能力和工作习惯，就有可能使我们迈出的每一步都是正确的。

拆毁所有阻碍顺畅沟通的“高墙”

人们总是要通过一定的渠道和方式来交流信息、沟通思想、协调行动的。如果沟通渠道堵塞，互不通气，就会造成了解情况上的片面性，“听风就是雨”，引起认识上的偏见和感情上的隔阂。信息传递失真，也会产生误解和歧视，引起冲突。例如，在一个企业，往往由于信息渠道的不畅，设计、供应、生产、销售几个部门就常常在工作上发生冲突。

管理在某种意义上来讲也是一种交流，管理者将管理的信息发布出来，被管理者接到信息就会按照指令做事。信息传递的顺畅与否，直接关系到管理收到的成效。

然而，在许多传统的组织中，信息传递的准确性总是会受到种种干扰。公司的老总将任务交给下面的经理，经理又根据自己的理解将任务交给下面的项目负责人，项目负责人再把下面人找来，又根据自己的理解作一番布置。在这样的信息传递过程中，不可避免地出现了信息的变形。产生了种种信息壁垒。

好在，这一局面正在改变，越来越多的管理人员意识到了沟通的重要性。

原通用公司 CEO 杰克·韦尔奇，当年，差点因为壁垒森严，信息不畅的弊端而离开通用电器公司。后来，等他坐上通用电气首席执行官的位置之后，所做的重大决策之一就是拆除壁垒，痛扁官僚主义。

他在 1981 年被任命为公司首席执行官。他打破了公司的等级制，削减公司总部职员，并且责成 10 万职工致力于他所认定的几大核心业务。等到这些举措给自己制造了危机之后，他又着手调动组织的感情能量和创造精神，以便利用因公司所在环境的改变而带来的机遇。在他看来，中层管理人员的工作应当重新定义：“他们得把自己看成是身兼教师、拉拉队队长和解放者三职的人，而不是只充当控制者。”

他其实是希望每一个中层管理者，可以自由组织人员，提出自己的意见和办法。

他向来主张恢复公开交流：“真正的交流需要长时间地你看着我，我看着你。这意味着多听少说……就是说，人类通过旨在达成共识的不断交往过程来最终了解和接受事物。”

韦尔奇强调以价值观为基础的理性而不是非理性，这一点从他针对通用电气公司的内部决策所作的指示就可以明显地看出来。他更为强调的是共同掌握事实和决策所依据的设想，而非决策之逻辑本身：“大家同舟共济，人人都拥有同样的信息……一旦人们不能得到所需的信息，混乱就产生了。”

在英语中，“沟通”一词来源于“分享”这个拉丁语词汇。进行沟通时需要特别注意的问题是，沟通必须是互相分享，必须是双向的，这样沟通才能有效。良好的沟通不仅仅是倾诉，聆听同样重要。

在微软公司，沟通的问题就不是那么难以解决。比尔·盖茨把他与员工们之间的沟通称作“弹指间的信息”。早在 20 世纪 80 年代初，比尔·盖茨就在微软安装了第一个电子邮件系统，很快，它便成为了公司内部通信和管理的主要方式。

比尔·盖茨每天要花几个小时来阅读电子邮件，并做出答复，这些邮件来自全球的雇员、客户和合作者。公司中每一个人都可以把电子邮件直接传送给他，越过所有中间层次的阻隔。他是唯一读它的人，因此谁都不必担心礼仪问题。他似乎相信人们口头上都具有“报喜不报忧”的倾向，而在一种不必见面的交流方式中更有可能流露真情。

盖茨认为，坏消息几乎总是从电子邮件中传来。所以，他每天晚上睡觉之前，必定要把自己的便携式电脑和公司系统连接起来，与公司雇员交换新的信息和想法。即使是在旅行当中，在远离总部上万公里的地方，也要检查一下他在公司中的电子邮箱。他说这样才能让他放心。由于电子邮件的充分利用，使得微软所有的职员能在第一时间得到微软公司和比尔·盖茨发出的最新指示，这使得整个公司的办公效率在同一时间内高速运转起来。

不难发现，给员工提供了多少信息并不是最重要的，或者说传达这些信息的效果如何也不是最重要的。关键是，如果他们不能对此做出回应，那么就没能建立起沟通渠道，而仅仅是一个形式而已。网络的发展，实际上为沟通打开了更大的空间。我们日常沟通也可以如互联网那样迅捷。

企业内部交流的障碍及其消除往往受到多种因素的影响，主要表现在文化、组织结构和心理方面：

（1）文化方面的交流障碍。一个组织内部之间文化水平比较接近，信息沟通就容易进行。

（2）组织结构方面的交流障碍。组织结构方面的障碍包括角色地位障碍，空间距离障碍，交流网络障碍。一般说来，组织规模越大，成员越多，处于中层地位的人员相互交流次数增加，而上下层地位的人员相互交流次数相应减少。尤其是企业经理，常常因为自恃高明，目中无人，听不得不同意见，独断专行，瞎指挥容易阻塞上下信息的交流渠道。从部属来说，他们怕得罪经理和主管，有问题往往不反映，或报喜不报忧，造成信息虚假，影响企业的健康发展。

再就是空间障碍。空间距离对信息交流及其效果有很大影响。一般说来，双方面对面地进行交流，有利于把复杂问题搞清楚，提高交流效果。

还有交流网络障碍。在组织中，合理的组织机构，交流网络有利于信息交流。如果组织机构不合理，层次太多，交流网络不完善，信息从高层传递到基层既容易产生信息走样，又会使信息失去时效。因此，组织要精简机构，减少交流层次，建立健全交流网络，经理要尽可能地同下级和普通部属进行直接交流，使信息传递渠道畅通。

（3）心理方面的障碍及其消除。①认知障碍。信息交流中的自我认知障碍。主要表现在：过高地评价自己或过低地评价自己。在组织中，部属对自己评价过高，就会表现一种优越感，喜欢自吹自擂，对其他部属不尊重；对自己评价过低，则会表现出严重的自卑感，这两种情况都容易堵塞交流渠道。②情感障碍。组织中信息交流的情感障碍，主要表现为：情感反应过于强烈和过于冷漠。情感反应过于强烈是指在交流时不分场合和对象，不顾轻重恣意纵情的现象。为了克服这种交流障碍，要学会情感的自然调节，把握情感的尺寸，既不能过分热情，也不能过于冷漠。③信任障碍。在组织信息交流过程中，人与人之间，尤其是经理与部属之间关系融洽，相互信任，双方就容易交流。为了克服这种交流障碍，改善和提高交流效果，交流双方要做到相互尊重、相互信任。④态度障碍。在组织交流中双方态度各不相同，会造成交流的障碍。⑤性格障碍。信息交流在很大程度上也受性格特征的制约。所以，一个经理要有良好的品行修养和随和的性格品质才能取得组织成员的信任，才不至于造成交流上的障碍。

组织活动的核心是沟通，无论员工的职业技能多么娴熟，水平多么高超，产品的价值多么令人眩目，缺乏有效合理地沟通，任何企业都不可能完满实现其目标。

现代企业管理越来越重视沟通，管理过程已经逐步趋向沟通的过程。沟通是意见与意见的交换，是心灵与心灵的交汇，是精神与精神的交融，是企业和谐走向成功的重要端点。如果我们还没有重视到这一点，从不理会沟通的重要性，那我们将会在封闭中自生自灭。所以，我们应把工作归于务实而不是幻想。

人只有偏执狂才能成就大事

杜拉克说："只有偏执狂才能成就大事。要有成就，必得在使命感的驱使下'从一而终'把精力专注在'一件事'上。"

雅典帕德农神庙的雕像是雕刻大师菲迪亚斯完成的。但是当年，财务主管大人借口不愿为雕像的背面买单，菲迪亚斯掷地有声："你错了，你看不见，上帝看得见。你一分都不能少。"

多年过去了，这雕像还那么骄傲地屹立在神庙屋顶上，闪耀着艺术的光辉。正是菲迪亚斯这份敬业精神，造就了这无可否认的杰作。这故事震撼了彼得·杜拉克，他说："就算只有上帝看得见，我也得做好。"

杜拉克是大师中的大师，是企业管理者的至圣先知。管理如不能从老先生那拿到根据，那是上不了层次的。但他心中有两个楷模：一个是寂寞了 40 多年的几何学家富勒，一个是坐了 25 年冷板凳的麦克鲁汉，他们最后都成功了。如果没有当初的从一而终，即没有后来的成功。杜拉克看自己就是一个"偏执狂"，在他自己看来，他最好的一本书总是"下一本"，这不是他的自我推销，这是他对自己的期许。正是因为他对管理学的狂热与执著，才有了今天的成就，才被称为现代管理之父。

"只有偏执狂才能成就大事。"杜拉克也说过这句话。他认为，如果没有单一的使命、专注的精神，注定是一事无成的。曾经的英特尔总裁格鲁夫无疑是这样的人。

1968 年，摩尔和诺伊斯决定自行创业，创办英特尔公司。格鲁夫深具潜力，因为担任仙童公司实验室副总监的表现出色，所以被摩尔看重，大力举荐他进入英特尔担任研发部门的总监。1976 年，格鲁夫成为英特尔公司首席执行官。1979 年，格鲁夫发动了一场一年内从摩托罗拉手中抢到 2000 家新客户的商战，结果以超额 500 家的战绩实现了这一目标，而且其中一家是 IBM。

1982 年，IBM 准备进入个人电脑业，英特尔曾为它提供 8088 芯片，但直到 1985 年个人计算机的发货量仍然很小。英特尔还是把自己定位为一个存储器公司。企业总会存在竞争，这时日本的存储器厂家登台了。由于日本这家公司的存储器价位低且质量高，陷入削价战的英特尔公司很快就面临被挤出自己一手开发的市场的危险。公司连续 6 个季度出现亏损，英特尔管理层在是否放弃存储器业务上产生了分歧。结果越是迟疑不决，英特尔的经济损失就越大。

英特尔已经在漫无目的的徘徊中度过了一年。一天，格鲁夫与董事长摩尔讨论公司如何走出困境时，格鲁夫问摩尔："如果我们下了台，新总裁上任后，你认为他的第一项决定是什么？"摩尔犹豫了一下，答道："放弃存储器业务。"格鲁夫望着摩尔，说："哪我们为什么自己不放弃？不如走出这扇门，然后自己动手！"

当时，英特尔在所有人的心目中就等于存储器。如果放弃了存储器业务，英特尔还称得上是一家公司吗？格鲁夫说做就做，他顶住层层压力，坚决地放弃了存储器业务，而把新的生产重点放在了微处理器方面。放弃了存储器业务，英特尔也就不再是存储器公司。他们意识到微处理器是计算机一切工作的核心所在，于是改称"微型计算机公司"。到了 1992 年，英特尔因为微处理器的巨大成功而成为世界上最大的半导体企业，甚至超过了当年曾在存储器业务上打败它的日本公司。

1996 年，在价值 5 亿美元的有缺陷的英特尔奔腾芯片必须被召回并更换的灾难性事件后，格鲁夫写了一部名为《只有偏执狂才能生存》的书，书中说："我常笃信'只有偏执狂才能生存'这句格言。只要涉及企业管理，我就相信偏执万岁。"不错，历数所有的成功者，他们绝大多数都是偏执狂。

管理中的事务往往太多太杂，所以常常容易失控。好多人就算专心致志地做一件事，也未见真能做到最好，所以说，如果有效性有什么秘诀的话，那就是“专注”。

一位有效管理者，一定专一于当前的某一任务，而绝对不会轻易承诺其他任务。因为“专注焦点”是一份执著，也是一份勇气，是敢于决定真正该做与真正先做的工作，以运用时间及掌握情势的勇气。只有这样，“专注焦点”才能成为管理者自己的主宰。

一位有效管理者，至少会在他心中列一份优先表，那哪件事最重要他就会专注地去完成，绝对不会转做其他的事。如果不能专注地做一件，或许会人人皆大欢喜，然而其最终结果，一定是一事无成。

“偏执狂”实际就是一种执著的精神，永不放弃的精神。也许有人认为：前面格鲁夫的事例是他放弃了，那么你错了。格罗夫所称的“偏执狂”也不是一种临床状态，那是一种警觉的状态，其意在说商业总要为意料之外的变化做好准备。在变化的时代，变化的市场，变化的企业之中，格鲁夫的放弃只是战略的转移，而不是企业的放弃，他的放弃正是为了不放弃。局部地放弃只是为了更好的发展，为了在企业界依旧拥有一席之地，并没有从根本上放弃企业的目标。

管理者的执著只是一种永不言败的精神，是针对企业整体的生存发展而言，并不意味着对某一方面的抱残守缺。所以，在必要的时候，一定要有创新。现在的企业中，几乎每一个企业都有自己的创意，关键要对一些没必要的领域果断放弃，这才是企业管理的智者，才是对企业目标的执著。

永远不要坐着不动

不断改变自己，改变公司，是这个时代的两大挑战。企业管理者们一定要改变自己。他们必须学习新技能，使他们自己更称职，并跟上时代的快速发展。

公司也要改变，停滞不变的公司只会走向死亡。

杰克·韦尔奇就是个人和公司的变化大师。他从不坐着不动，他所管理的企业也一样。《华尔街日报》说："韦尔奇可以花一天时间参观一家工厂，跳上一架飞机，小睡几个钟头，然后再重新开始工作；在这段时间，他也许会停在爱达荷的太阳巷，就像他自己所说的那样，'疯狂地滑五天的雪'。"

韦尔奇在谈到 GE 的价值观时，曾多次强调："正是对变革的热爱和渴望抓住变革的念头，才使通用电气像今天这样重要，有活力，与众不同。"

韦尔奇在新书《赢》中讲述了许多管理上的如何做——如何管理，如何管理员工，如何在工作与生活间平衡，如何规划人生……这里，让我们一起看看他讲的如何变革。

变革需要遵照以下四条准则：在每一次发动变革运动时，确立一个清晰的目的或指标。为变革而变革的做法是愚蠢的，只会产生消极影响；招募和提拔忠诚的追随者，以及能适应变革的人；清理并去除反抗者，即使他们有不错的业绩也在所不惜；利用意外的机会。如果公司的管理者能满怀激情地执行这些准则，给每个全力支持的人提供奖励，那么对变革的任何干扰最终都会消失。变革会成为人们的日常工作，成为规范。

我们必须明白，什么变革是必要的，变革会把我们带向何方。如果公司完全把变革当成宣传游戏，追赶每一种新出现的管理时尚，那会是一种灾难，使变革过度！有些大公司在变革时，会同时启动10种不同的改革计划，有8个不同的努力方向，这种蜻蜓点水式的变革永远不会带来任何有意义的结果。

20世纪70年代末，GE的家电设备产业就面临这种情况。在那些年，家电和照明设备是GE的支柱。1978年，我被任命为消费产品事业团体的负责人，我发现家电设备产业的市场份额已经连续滑坡了好几年，利润减少的更快，这种状况令人惊恐。我把自己的意见向该产业的经理们作了宣讲。

然而，我的观点在初期应者寥寥，完全需要依靠强制手段才能推动成本降低计划的实施。

幸运的是，这个行业的领头人——一个叫迪克的人，看到了我的改革计划的意义，开始为我提供帮助，并且成为整个设备行业中的改革拥护者。他的管理才能对于稳定局势起到了至关重要的作用。最终，我们的设备行业经历了激烈的变革。时至今日，美国国内市场的严酷竞争已经足以说明当时变革的必要性了。

在大公司里，改革的呼吁通常会遇到虚伪的笑脸，仿佛变革就将成为必然，然后大家在工作中仍一如既往，没有变化；如果公司以前发动过多次的改革计划，雇员们就会不以为然，认为只是一时冲动。这种普遍的怀疑态度说明，任何领导改革的人必须远离空洞的口号，立足于坚实的、有说服力的行动。

在全部商业人士中，真正的变革者恐怕不到总数的10%。他们是真正的拥护者和忠实的跟随者，他们知道应该如何发起变革，并且热爱整个革新的进程。要发动变革，公司必须积极地招募和提拔变革的忠实跟随者。可是，既然每个人都声称自己欢迎变革，你怎么能分辨真伪呢？幸运的是，真正的变革者常常能自己表现出来。他们通常的特征是傲慢、精力过剩，对将来有一点妄想狂的样子；他们常常会主动发起变革，要求领导变革；他们总是充满好奇心、喜欢向前看；他们突出大量的问题，张口就说，“为什么我们不……”

这些人富有勇气——有点无知而无畏的天真。他们有某种内在的东西，使变革得以顺利地进行，不需要为自己编织安全网。如果失败了，它们也清楚自己能够爬起来，掸去满身尘土，继续前进。在风险面前，他们能屹立不动，这使得他们能够在缺乏足够资料的时候敢于做出冒险的决定。

清理并去除反抗者，即使他们有不错的业绩也在所不惜——在推动变革的时候，这将是实施过程中最困难的一个环节。

或者是因为他们的个性，或者是因为他们对于以前的一切过于依赖，在任何一个组织中总有那么一些人，不管你的理由有多么充分，他们就是不能接受变革。通常来说，这些人必须清走。这样做也许显得非常无情，但如果你把阻挠者留在自己的组织中，那不会对任何人有好处。阻挠者会秘密地发动抗争活动，打击那些支持改革的人的士气。在一个与自己的愿景相冲突的公司里待下去，也会浪费他们的时间。因此，你应当鼓励他们离开，去寻找一个与他们志同道合的地方。

我们再来看一个不寻常的案例，那是关于比尔·哈里森的故事，他是摩根大通银行的 CEO。在领导自己的银行实行变革时，他曾要求一位德高望重的高层执行官离开公司。

那段时间，比尔正在组织一次高层经理人培训，学习的重点是对新合并的 JP 摩根——大通银行进行改造，建立更强的市场导向。对于该银行来说，这是一次重大的机构变革。改革运动最大的反对者是负责银行主要业务的一名 CEO，一位真正的明星人物。他留恋投资银行业长期以来养成的“独狼”文化，并发起了一场静悄悄的抵抗斗争。

于是，比尔请他离开。考虑到当时在公司内外所面临的复杂局势，那可需要相当大的勇气。不过比尔明白，如果公司里有这样一位阻挠者——及其同党挡道，那么整个银行的改造将不可能获得成功。

他的判断是正确的，变革计划也得以继续推行。在高层经理人培训计划得到实施的两年之后，调查显示，培训计划让经理人员对于公司的发展方向有了更大的认同。与没有参加过培训的人相比，参加过培训的人员对公司发展目标的认同度高出 20 点。

如果出于阻挠者的特殊技能或老资格而做出了让步，随着时间的推移，他们只会变得更加顽固，他们的支持者也会更难以改变。他们将会成为改革的杀手，你需要及早地“斩草除根”。

要塑造一个真正的变革型组织，你需要学会利用自己的本能，寻找那些更冒险、更惊人、更不可预见机会，做出评估，最大限度地加以利用。具备这种能力的人需要特殊的决断力，以及特别的扩张欲望，但回报也可能是巨大的。

以 1997 年亚洲金融危机为例，货币交易商当然就要充分利用这种可怕的事件，他们就是以专门利用变革为生的，但他们并不是唯一要这样做的人。在那场危机期间，GE 就成功地收购了估值偏低的泰国汽车贷款，其他一些公司则通过收购打折出售的房地产而发达起来。

大多数公司都会好好利用摆在自己面前的机会。但有的公司有能力利用最糟糕的环境——那些“意外的机会”。例如，自“9·11”事件后，出现了一种新的保安产业。

当然，从你的内心来说，你宁可希望这样的产业不要继续存在。但是，如果你认识到变革意味着抓住每一个机会，那么就会有一些公司懂得从中获益，即使这些机会是由灾难而起。

即使你不穿牛仔裤，你也一定听说过李维牛仔裤公司。李维牛仔裤在 20 世纪 70 年代的美国牛仔裤市场上独占鳌头。公司的分销战略是将纯正的李维产品在高档百货公司里专卖。几十年来，这种战略铺平了李维公司通往成功的道路，公司的管理层相信，保持这种传统的分销战略将使他们继续沿着有利可图的道路前进。但是，20 世纪 70 年代结束时，购物中心变得时兴起来，传统的百货商店过时了，很多百货公司连锁店被迫变成购物中心，以留住购物者。他们自愿参与了竞争，特别是在服装产品方面。在多数购物中心里，精品店和“青少年商店”很快成为新潮年轻人购买衣服的去处。

然而可惜的是，李维公司并没有根据市场的变化进行变革，依然固守着传统的模式，在过时的百货商店里销售自己的产品。而那些时尚的青少年们认为传统的百货商店是他们的父母购买衣服的地方，而不屑于购买里面的衣物。结果，李维产品努力在青少年心中培养起来的流行品牌形象消失了，产品销量急剧下降。从20世纪70年起，李维产品的市场份额不断下滑。在20世纪二、三十年代，李维牛仔裤曾创造过独享牛仔裤市场70%份额的巅峰，但到了1999年，这一数字已下降到20%，并且关闭了22家工厂中的11家。

一个最普遍同时又最令人费解的企业现象是：当成功的公司面对经营环境的巨大变化时，它们经常不能做出有效的反应。面对以新产品、新技术和新战略武装起来的竞争者时，它们往往无力自卫。

为何成功的公司会走向衰败呢？问题不在于无力采取行动，而是无力采取有利的行动。这有一个最普遍的原因：公司的管理者沉醉于过去创造成功业绩的管理模式，他们仅仅采用历史上被证明为正确的策略与行动，就像挖洞，他们所做的仅仅是挖得再深一点。

制度往往会僵化，使公司最初获得成功的新思想为一种沉醉于现状的僵化思想所取代。当公司面对的市场环境发生变化时，过去的成功模式反而会使公司走向失败。

执行意味着一切

每个企业都希望能找到持续成功的灵丹妙药，但它到底在哪里？让我们回首历史。一百多年前，当纽约证券交易所开盘时，选取了十几家当时最大的公司作为道琼斯指数股，而一百年后的今天，只有 GE 还依旧是道琼斯指数股。是什么使得 GE 能基业长青？原因很多，但无疑，卓越的企业执行力在其中起到了举足轻重的作用。

GE 执行的有力推动者之一就是韦尔奇。韦尔奇对执行力的观点是："通用最痛恨官僚主义，我们杜绝将资源浪费在行政体系上的做法，摒弃所有仅有美丽外壳的计划与预算。"

韦尔奇有过一个著名的管理者 4E 公式：有很旺盛的精力（Energy）；能够激励（Energize）别人共同实现目标；有决断力（Edge），能够对是与非的问题做出坚决的回答和处理；最后，能坚持不懈地实施（Execute）并实现他们的承诺，也就是执行。

韦尔奇在《赢》中这样写道：

第四个"E"似乎是显而易见的事情，但是多年以来，我们在 GE 只关注到了前三个"E"。我们以为，具备前三个"E"的人就已经不错了，由此选拔出了几百名员工，并把大多数人归为"很有潜力"的类型。然后，很多人走上了管理岗位。

在那个时期，我常到业务现场去参加人事评议，同行的还有 GE 负责人力资源管理的老板比尔·康纳狄（BillConaty）。在评议会上，我们会查阅一张单页资料，那上面有每一位经理人的照片、他的老板所做的业绩评定，此外还有三个圈，分别代表上面的一个“E”。这些圆圈会被涂上一定面积的颜色，以代表该员工在相应的指标上所展示出来的实力。例如，有的人在“活力”上面可能得到半个圈，在“激励”上面得了一个圈，在“决断力”上面得到1/4个圈。

然后，在为期一周的中西部地区视察结束后，乘着星期五晚上的月色，比尔和我飞回总部。他一页页翻看那些“很有潜力”的员工的资料，发现它们大都有三个被涂满的圆圈。于是，比尔转向我，“你知道，杰克，我们肯定遗漏了某些重要的指标，”他说，“以现有的指标来看，这些人都非常出色，但他们中的一些人业绩却很不好。”

被我们遗漏的东西正是执行力。

结论出来了。你可以拥有积极向上的活力，懂得激励自己周围的每一个人，能够做出坚决的判断，但你可能依旧不能跨越终点。执行力是一种专门的、独特的技能，它意味着一个人要知道怎样把决定付诸行动，并继续向前推进，最终完成目标，其中还要经历阻力、混乱，或者意外的干扰。有执行力的人非常明白，“赢”才是结果。

从GE最基层的一个实验车间的化学工程师，韦尔奇一步步脱颖而出，20年后终于登上GE最高层的权力宝座。他完好地保存了他独特的与官僚作风格格不入的“杰克式”的执行方式，矢志打破GE这个多元帝国的官僚主义，以强硬作风、追求卓越的理念推动GE业务重组，构筑“数一数二和三环”战略（核心、技术、服务），实现通用电气公司“6σ管理、全球化、E化、听证会”的四大创举。

当年韦尔奇制订要让通用电气成为“世界上最有竞争力的公司”的战略目标时，就明确地向GE的员工传达了给予员工一套用于决策的指导方针：

直截了当：明确、坦诚地传达需要完成的任务。

不出人意料：始终如一；不要隐瞒重要问题。

用事实说话：应该提供做出战略选择的依据，包括数据。

信守诺言：要言行一致，否则将失去信任。

从韦尔奇向员工传达的指导方针中我们可以断言，优秀的“执行力”

对于成就 GE 可谓是居功至伟。

正是这种对执行的执著成为他出任 CEO 后一切改革的原动力。他历经旧体制的层层曲折，深知哪里是最阴暗的深处，哪里有无所事事的敷衍，哪里是最殷切的盼望，所以，大刀斧所到之处，必斩而后快，且绝不手软。为此，他曾有“中子弹杰克”、“美国最强硬的老板”之称。

托马斯和伯恩在他们的《执行力》一书中所叙述的施乐公司因缺乏执行力而使得公司陷入困境的故事，深刻地体现了执行力的威力。

在历史上，施乐公司几乎是复印机的同义词，但这家历史悠久的老牌企业曾差点被日本复印机制造商淘汰，因为后者推出的复印机的销售价格仅相当于施乐公司的生产成本。然而，施乐公司通过降低成本、重新关注施乐公司的顾客群和采取提高产品质量等手段迅速恢复了生机。后来，施乐公司在开发新型数字成像技术的竞争中又落后于惠普公司和柯达公司，又陷入了困境。但经过不懈努力，施乐公司再一次摆脱了困境。在世纪之交，施乐又遇到麻烦了，收入增长停滞不前，利润一路下滑，其股票价格一度从 63 美元下跌到 7 美元。“世界头号复印机生产企业濒临破产”的传言四起。

为了摆脱困境，施乐公司提出了一个重组方案，即大幅度削减生产开支，减少日常管理费用，同时缩减在发展中市场的业务规模。除销售人员外，施乐公司已经停止雇用新员工。

此外，施乐公司还积极出售部分资产，以缓解当时现金不足的困难，其中包括一些公司的核心资产。尽管如此，这些措施仍无法使得施乐彻底摆脱困境。施乐公司决心采取一项根本性的措施，那就是仿效郭士纳在 20 世纪 90 年代初对 IBM 的改造。为了获得郭士纳的魔法，施乐公司在 1997 年聘请了曾经长期追随郭士纳的里克·托曼出任公司的首席营运官。1999 年 4 月，托曼升任首席执行官并且开始实施一项大规模的重组计划，目的是将施乐公司彻底改造成一家像 IBM 的企业，出售“解决方案”——软件、咨询及文件的制作和储存，而不仅仅是生产和销售利润日趋降低的复印机。

尽管这是一个诱人的战略改变，但施乐公司需要的不仅仅是这些，它更需要的是如何具体实施与执行，也就是说施乐公司应如何将战略、人力与企业运作协调和整合起来。在托曼的重组中，推销员被调离了有利可图的地区并被放在了集中关注工业企业的推销小组中，他们失去了与顾客的联系，相应地这些推销小组为企业所提出的建议显得不到位。施乐公司还试图将36个开票中心合并为3个以便降低运营成本，这一做法使得施乐公司的推销员几乎要花费一半的时间来核对顾客的订单，以便确认这些订单已经开出了发票并且按时交货。此外，在市场需求十分旺盛的时候，托曼却下令大幅降低许多产品的价格，这使公司的情况变得更糟，因为这样做虽然增加了营业收入，但同时也导致了利润的下降。总之，这些执行措施使得整个施乐公司士气极度低落。面对竞争对手毫不留情的进攻，施乐公司继续滑坡。

在这种情形下，施乐公司不得不解雇托曼，重新启用阿莱尔（施乐公司董事长，既是托曼的前任又是他的继任者）。毕生在施乐公司工作的阿莱尔是从该公司的赊销部门逐渐提升到公司顶层的，在他的感召下，公司的经理们表现出了强烈的忠诚。但事实上他并不是一位特别有执行力的管理者，而且与托曼一样，他缺乏实际经营经验，而良好的人际关系并不能成为他最有力的优势。其结果是公司的颓势并未受到遏制。施乐公司继续丢失市场份额，同时开账单的问题也没有得到很好的解决，而呆坏账却一直在急剧增加。结果是不仅阿莱尔受到批评，其他高级经理的执行能力也受到质疑。这种在执行力方面表现出来的软弱现象一直延伸到施乐公司的董事会。董事会里充斥着大量的政界要人或者在彼此公司中担任董事的人。施乐公司缺少的是懂得如何在一个混乱的技术变革时代对一家企业改造的管理人才。

许多面临困境的企业都会像施乐那样，先找一个听起来很有名的“能人”，然后拷贝一套已在其他公司或在理论上行之有效的经营理念和战略，并希冀由此而带领公司走出困境。然而，期望的结果往往难以实现。因为在此过程中，经常会因管理者的执行力不够而导致重组失败。可以说，如果没有足够的执行力，最好的战略、员工或者管理工具都难以发挥应有的作用。对于此时的施乐公司来说，真正需要的是上下达成执行力。而要做到这一点，管理者就必须亲自参与到企业中，并落实决策于企业的具体行动中。

一个公司的效率不在它的大楼，也不在它的人员，更不在它的会议，而在它的贯彻力度，也就是韦尔奇所说的执行力。

执行力的重点在于执行，也就是行动起来。无论你年纪多大，命运怎样，生活怎样，立即行动，做自己喜欢做的事，实现目标，永远都为时不晚。

三、管理的手段不在于多，而在于有效

管理，是通过他人完成工作的一种程序或艺术。它不是“做事”的方法，而是“让人做事”的艺术。一个不懂得授权的管理者很难真正走向成功。要知道，你之所以花钱请人，目的是要他们发挥才干，而不是请他们来看你表演。所以，作为管理者，管理的手段不在于多，而在于有效。

确定责任人的最佳人数

“十羊九牧”出自《隋书·杨尚希传》：“当今郡县，倍多于古。或地无百里，数县并置；或户不满千，二郡分领；县寮以众，资费日多；吏卒又倍，租调岁减；精干良才，百分无二……所谓民少官多，十羊九牧。”根据一则统计资料显示，一个官吏，汉代管理 7945 人，唐代管理 3927 人，元代管理 2613 人，清代管理 911 人。我们今天一个干部管理 30 人。这些统计数字的可靠性也许值得研究，但官冗之患确实日见其甚了。

苛希纳定律阐述的正是这个道理：人多必闲，闲必生事；民少官多，最易腐败。由于实际的人员数目比需要的人员数目多，诸多弊端由此产生，形成恶性循环。要想铲除“十羊九牧”的现象，必须精兵简政，寻找最佳的人员规模与组织规模。这样的话才能构建高效精干、成本合理的经营管理团队。

苛希纳定律的内容是：如果实际管理人员比最佳人数多两倍，工作时间就要多两倍，工作成本就要多 4 倍；如果实际管理人员比最佳人员多 3 倍，工作时间就要多 3 倍，工作成本就要多 6 倍。

有一家企业准备淘汰一批落后的设备。董事成员王说：“这些设备不能扔，得找个地方存放。”于是专门为这批设备建造了一间仓库。

董事成员张说：“防火防盗不是小事，应找个看门人。”于是找了个看门人看管仓库。

董事成员李说：“看门人没有约束，玩忽职守怎么办？”于是又委派了两个人，成立了计划部，一个人负责下达任务，一个人负责制订计划。

董事成员许说："我们应当随时了解工作的绩效。"于是又委派了两个人，成立了监督部，一个人负责绩效考核，一个人负责写总结。

董事成员郑说："不能搞平均主义，收入应当拉开差距。"于是又委派了两个人，成立了财务部，一个人负责计算工时，一个人负责发放工资。

董事成员马说："管理没有层次，出了岔子谁负责?"于是又委派了四个人，成立了管理部。一个人负责计划部工作，一个人负责监督部工作，一个人负责财务部工作，一个人是总经理，对董事会负责。

一年之后，董事长说："去年仓库的管理成本为35万元，这个数字太大了，你们一周内必须想办法解决。"

于是，一周之后，看门人被解雇了。

由上面的案例我们可以看出，在管理上并不是人多力量大，管理人员越多，工作效率未必就会越高。苛希纳定律要求人们，要认真研究并找到一个最佳人数，以最大限度地减少工作时间，降低工作成本。这一现象告诉管理者：只有缩减不必要的管理人员才能减少工作时间和工作成本。而唯有确定责任人的最佳人数才能达到这一目的，这一方法对企业"瘦身"计划的实施和提高企业效率至关重要。

企业通常都有一种不因事设人而因人设事的倾向，造成企业机构臃肿、层次重叠、人浮于事、效率低下。

其主要表现在：①机构设置过多，分工过细。②人员过多，严重超出实际需要。

这种状况使企业难以摆脱多头管理、办事环节多、手续繁杂的困境，难以随市场需要随时调整经营计划和策略，从而使企业难以培养真正的竞争力。

只需管头管脚

管理之妙就在于只“管头管脚”，而不是“从头管到脚”。太多的指点和提醒，会让你的员工茫然不知所措。每一个人都有自己的工作方式，如果你只是一味地灌输，你的员工就什么也学不到，甚至都不敢面对挫折和困难。而且不但加大了你的工作量，还使你和你的员工都失去了最好的自由发挥的空间。给员工一个任务，让他自己去做，相信他能做好，也就是相信自己的眼光。

在诺基亚公司里，一项制订好的计划如果没有具体而且可靠的人来实施，是不会得到贯彻执行的，这是公司的规定。总裁奥利拉说：“诺基亚不是只有少数几个人能说话，其他人都在那里洗耳恭听，任何人都有权利说话。

公司每制订一项计划都必须有执行人员在场，并且允许他们表达自己真实的想法和观点。只有一项计划完全得到执行人员的同意和赞成了，才能被确定，然后相关的负责人才能进一步制订执行计划，并委派专门的小组负责。每一个员工在执行过程中发现计划存在失误时都有权提出异议，并作出适当的修改。

正如米切尔——诺基亚在福特沃斯分厂的生产经理，他在数额庞大的诺基亚全球员工中只是一个小“芝麻官”。他说：“诺基亚从不像其他的大公司那样官僚习气严重，它是独特的，在具体执行一项计划时，上司从不规定你必须用什么方法来做，每个小组都有完全的自由决定权。除了某些必须共同遵守的标准以外，你可以自行决定具体的行动方案，只要它是符合事实、有利于实现预期目标的。”

不仅基层管理者从不强迫自己的下属按照自己的行为方式做事，公司最高层管理者，包括总裁兼首席执行官奥利拉也从不武断地作出决定。非技术出身的奥利拉，在说到 WCAMA、GPRS、HSCSD 或其他专业术语时，他和其他对技术不在行的高层管理人员总会谦逊地往后站——即使是在公共场合也是如此——而让那些技术专家自由地侃侃而谈。“我们总是让最了解情况的人做决定。”这是诺基亚制定战略和作出决策的最高指导原则，同时也保证了诺基亚战略的正确性和有效执行。也正是由于这种对“最了解情况的人”的尊重和赋予权力，诺基亚才形成了强大的团队精神和凝聚力，保持了企业的活力和卓越的执行力。

习惯于事必躬亲，放心不下他人的任何行为，经常不礼貌地干预和干扰别人的工作过程，这可能是管理者的通病。而这也容易形成一个怪圈：上司喜欢事无巨细，越管越变得事事小心谨慎，独断专行，疑神疑鬼；同时，部下也越来越束手束脚，养成依赖、从众和不爱思考的习惯，把最为宝贵的主动性和创造性丢得一干二净。这样下去会形成恶性循环，对于企业的发展非常不利。

在公司的管理方面，要相信少就是多的道理：你抓得少些，反而收获就多了。管理者，要管头管脚，但不能从头管到脚。

提高经理工作效率

春秋晋国有一名叫李离的狱官，他在审理一件案子时，由于听信了下属的一面之词，致使一个人冤死。真相大白后，李离准备以死赎罪，晋文公说：官有贵贱，罚有轻重，况且这件案子主要错在下面的办事人员，又不是你的罪过。李离说："我平常没有跟下面的人说我们一起来当这个官，拿的俸禄也没有与下面的人一起分享。现在犯了错误，如果将责任推到下面的办事人员身上，我又怎么做得出来。"他拒绝听从晋文公的劝说，伏剑而死。

正人先正己，做事先做人。一个职位就是一种角色，而一种角色则意味着一系列与此相关的权力和责任。管理者要想管好下属，就必须像李离那样，勇敢地承担自己的角色所要求的一切责任，必须以身作则，而不是推诿他人。示范的力量是惊人的。不但要像先人李离那样勇于替下属承担责任，而且要事事为先、严格要求自己，做到"己所不欲，勿施于人"。一旦通过表率树立起在员工中的威望，将会上下同心，大大提高团队的整体战斗力。得人心者得天下，做下属敬佩的领导将使管理事半功倍。

经理角色法则是由经理角色学派提出来的，它细致地分析了经理工作的共同特点、经理的角色、影响经理工作变化的因素，总结介绍了经理工作的科学程序以及提高经理工作效率的一些要点。

1. 经理工作的科学程序

经理使用一个宏观的程序，即排时间的程序来控制他的一切活动。除此之外，他很可能使用特定的程序来达到特定的目的。管理科学要求将管理工作的各个过程加以区别，明确各个过程的内容，再将各个过程结合起来，做出管理工作的模拟。目前，有少数的管理程序（如日程安排）可能经受全部自动化的检验，但其他的许多程序（如那些与实施领导有关的程序）则要求人们做出灵活的反应，因而编制程序是相当困难的。

一个成功的战略制定体系的程序会将经理的能力（易于获得信息以及对突发事件的灵活反应）和分析者的技能（有时间对战略问题进行全面深入的分析）结合起来。经理和分析家可以在“寻找问题和机会、对于拟建项目的成本和效益作出估价、建造模型、为可能发生的事件做计划、分析真实时间、监视改进项目以及发展适应性计划”诸方面进行合作。

2. 提高经理工作效率的要点

（1）与下属共享信息。

（2）自觉克服工作中的表面性。

（3）在共享信息的基础上，由两三个人分担经理的职务。

（4）尽可能地利用各种职责为组织目标服务。

（5）摆脱非必要的工作，腾出时间规划未来。

（6）以适应于当时具体情况的角色为重点。

（7）既要掌握具体情节，又要有全局观念。

（8）充分认识自己在组织中的影响。

经理角色理论不仅对我们理解经理人的角色、工作性质、职能和经理的培养具有重要意义，而且还对如何提高经理工作效率具有重要的现实意义。

一位著名企业家在作报告。当听众咨询他最成功的做法时，他拿起粉笔在黑板上画了一个圈，只是并没有画圆满，留下一个缺口。他反问道：“这是什么?”“零”、“圈”、“未完成的事业”、“成功”，台下的听众七嘴八舌地答道。他对这些回答未置可否：“其实，这只是一个未画完整的句号。你们问我为什么会取得辉煌的业绩，道理很简单：我不会把事情做得很圆满，就像画个句号，一定要留个缺口，让我的下属去填满它。”

事必躬亲，是对员工智慧的扼杀，往往事与愿违。长此以往，员工容易形成惰性，责任心大大降低，把责任全推给管理者。情况严重者，会导致员工产生逆反心理，即便工作出现错误也不情愿向管理者提出。何况人无完人，个人的智慧毕竟是有限而且片面的。为员工画好蓝图，给员工留下空间，发挥他们的智慧，他们会画得更好。多让员工参与公司的决策事务，是对他们的肯定，也是满足员工自我价值实现的精神需要。赋予员工更多的责任和权力，他们会取得让你意想不到的成绩。

管理越少越好

韦尔奇对“管理”的理解是“越少越好”。他对“管理者”重新进行了定义：过去的管理者是“经理”，表现为控制者、干预者、约束者和阻挡者；现在的管理者应该是“领导”，表现为解放者、协助者、激励者和教导者。韦尔奇的“不去管理”，并非认为管理者可以自由放任不进行管理，而是强调不要陷入过度的管理之中。杰克·韦尔奇把管理行为界定为：清楚地告诉人们如何做得更好，并且能够描绘出远景构想来激发员工的努力。用他自己的话说，就是“传达思想，分配资源，然后让开道路”。激发热情的方式，是允许员工们有更大的自由和更多的责任。在GE，有两种人必须离开：一是违反道德原则；二是控制欲强、保守、暴虐和压制别人，并不愿改变。

韦尔奇认为，经营管理的规范过度必然使企业的各项活动变得迟缓。韦尔奇强调，管理不需要太复杂，因为经营活动实际上非常简单；你熟悉有限的竞争对手和自己的营销市场范围，这种熟悉的程度远远会比从2000个选项中进行选择来得简单容易。对韦尔奇来说，经营一个成功企业的秘诀在于确信企业所有的关键决策者都能了解所有同样关键的实际情况。如果他们充分了解了实际情况，大家就会在如何解决实际问题中达成一致的结论。韦尔奇对企业管理者的建议是：“管理越少，公司越好”。

1960年10月17日，也就是韦尔奇上班的第一天，他就感觉到了GE“令人窒息”的官僚主义气息，并一度决定离开这家公司。多亏一位非常有远见上司的极力挽留和特别承诺，才使他在最后关头改变了注意，决定继续留在 GE。结果，同事们为他举办的“欢送会”，变成了杰克·韦尔奇决定留在 GE 的“新闻发布会”。

在升任董事长兼 CEO 之前的 21 年里，他对 GE 内部官僚体制的认识愈加深刻，也愈加深恶痛绝。他认为通用已产生了“广泛的、过度的官僚体制，它窒息了创造性和激情”；“它浪费了通用无数的财富”；它使沟通变得异常困难，以至于在正式会议上，不少经理不得不靠从幕僚那里得到的“内幕消息”来吓唬下级（因为正规的报告里几乎没有真实的信息）。

因此在上任之后，尽管有来自方方面面的压力，韦尔奇依然决定重击官僚主义，而且是要“果断地采取行动”。

在 GE 当时的 40 多万名员工中，有 2.5 万人具有“经理”头衔，其中的 500 名是高级经理，130 名是副总裁或者处于更高的地位。太多的员工及管理人员不仅消耗了大量宝贵的资源，更使公司内部沟通困难、人浮于事，不能对外界的变化采取及时的行动，从而极大地削弱了公司的竞争能力和盈利能力。

在“整顿，出售或者关闭”战略思想的指导下，韦尔奇毅然发动了大规模重组活动。重组涉及 GE 内部 350 个业务组织的每个角落，包括这些组织中的首席执行官。在 5 年的时间里，总量超过 11. 8 万、约占公司 25% 的员工在大规模重组中失去了工作岗位。更令人惊叹的是，经过持续努力，从 1981 年到 1992 年，公司总部的行政管理人员从 1700 人减少到了 400 人，而 GE 在此期间则一直保持高速增长。用韦尔奇自己的话来说：“我们管理得越少，却管理得更好了。”

重组和裁员后的 GE 看起来比以前更小也更加灵活，管理费用大大降低，同时也为下一步改革做好了准备。

首先是减少管理层次。在 1980 年底，GE 内部拥有“太多的管理层级”，2.5 万名经理平均每人只负责 7 个方面的工作。从韦尔奇本人到工厂之间共有 12 个管理层级、5 个主要管理层：公司（Corporation）、区域部（Sector）、事业部（Group）、事业分部（DM – Sion）和工厂（Plant）。更令他不能容忍的是，这些管理者“除了审查下级的活动之外几乎什么也不做”。同时，由于机构庞大、管理层次过多，公司的人心难以凝聚，决策过程复杂而漫长，难以适应瞬息万变的市场竞争需要。

针对这种情况，韦尔奇将过去的350个事业部重组为38个战略经营单位，并在1987年进一步合并为14个产业集团。主要管理层也相应地由原来的5个减少到3个，形成了公司、产业集团、工厂三级管理体系。

此举消除了“不必要的指挥关系”，各主要管理层的角色（权限和责任）也更加明确，依次为：投资中心、利润中心和成本中心。每个管理者平均负责的工作由原来的7个变为15个，在工作效率提高的同时，因职责范围的扩大而有效地锻炼了人才。另外，决策点的前移使决策变得更灵活、更迅速，企业的竞争能力相应增强。

正是由于受到韦尔奇的“管理越少越好”理论的指导，美国克莱斯勒公司才能在危机时刻扭转乾坤，转危为安。

美国克莱斯勒公司在20世纪70年代深受大企业病的困扰，在1978－1981年间，亏损36亿美元，濒临破产。艾科卡上任后，首先就将52个工厂消减为36个，拍卖海外企业和设备用于筹集发展资金，裁员一半，包括大量管理人员。2年后扭亏盈利2.5亿美元。精简使克莱斯勒公司起死回生。

在实行精简以前，惠普公司有着很宽的产品线，从高端服务器到低端打印机，产品和服务达80多种。以前，惠普公司的组织模式按产品划分为17大类，每个产品部门再以客户为中心进行部门划分，如市场、销售、服务、研究开发等。惠普公司拥有庞大的组织层次——全球400多个分公司，80多个产品中心、销售部门、生产厂、市场部和财务部。

惠普公司前CEO卡莉决心改变这种臃肿的组织层次，把惠普公司变成“全面客户体验”服务模式。这就需要把条块打散，把众多的部门重新整合，并按照客户种类和需求进行划分。卡莉只花费了两个多月时间，就完成了精简的手术：所有销售部门统一起来，然后按不同客户重新划分成全球客户、大客户、中小客户三大部门；所有从事技术研发和生产的部门也重组成三大部门，分别是计算系统部、图像及打印系统部、消费电子产品部。最终，整个塔腰的格局演变得非常简单：前面三个客户销售服务部门、后面三个产品部门。改革之后，惠普公司的每一位销售人员所代表的都是惠普全线的产品和服务，而且客户从选购到服务的整个过程中，惠普公司都有专门的人员一直与客户保持互动关系。对于客户来说，惠普公司只有唯一的出口，而不再是 17 个出口。

IBM 公司简直就是一头“大象”，但是它绝对是一家善于精简的公司。在 1980 年以前，由于组织极其臃肿复杂，公司管理层总是无法掌握业务层面的真实面目，于是赶紧砍掉了许多官僚机构，建立了直接向主席报告的任务小组，之后才研究 PC 机，并且占有了 80% 的市场份额。但是 1985 年以后，IBM 公司又原地踏步，该年经历了 50 亿美元的巨额亏损，它又像一个垄断者一样臃肿和官僚（一个执行副总裁与主席之间至少有 7 个管理层），“大象”又开始笨重起来。这倒是给了郭士纳大动干戈的机会，他自 1993 年以后就致力于通过精简让“大象”跳舞。郭士纳的精简方法很简单，就是加法和减法，先把 IBM 公司不具有竞争力和亏损的业务全部采用减法卖掉，包括硬盘、管理软件、一些大楼等，然后把 IBM 具有竞争优势的资源全部加在一起，整合成四大业务集团，分别是硬件集团、软件集团、全球服务集团和技术集团。谁都知道，IBM 公司从此一路好转，成为全球最具潜力的技术公司。仅仅是 IBM 全球服务部，自 1996 年组建以来，到 2001 年时，年收入就达到了惊人的 250 亿美元。郭士纳为 IBM 公司精简的惊人成果：5 年创造了一个三星电子（年收入也是 250 亿美元规模）。“大象”开始跳起了欢快的舞蹈。

也有很多对组织臃肿视而不见的管理者，有一家中国公司更努力让公司臃肿无比，它的结果如何呢？这家公司迅速在几年间经历了从 0－80 亿，然后再从 80 亿－0 的商业游戏。它就是几年前疯狂销售口服液的三株公司。该公司只用几年时间，就迅速建立了比中国邮政网络还复杂的销售组织，管理层由不到 200 人增加到 2000 人，公司完全陷入无管理秩序的状态，总公司根本不知道如何衡量子公司的销售业绩，更无法监督。这个疯狂的公司最终宣布破产。

企业的竞争集中体现在人力资源的配置上，而配置的优化需要通过企业组织结构的科学化来实现。某些企业的人才并不差，但却受制于复杂的层级制结构。管理层次太多、效率低下的缺点抵消了人才优势。一些企业特别是一些大企业管理层次过多，管理中心下达的指令必须经过许多层次的接转才能到达生产或业务现场，并且在信息传递的过程中，由于层次多，产生误差的几率大大增加，经常出现信息失真现象。这就要求企业在必要的时候，要懂得轻装上阵。

不该管的事让别人去管

古往今来，许多出色的管理者都是大权独揽，小权分散。用一句通俗的话说就是："该管的管，不该管的就让别人去管。"

有些公司，管理者在时，大家就很努力，管理者不在时，这些人立刻就精神懒散，什么工作都停滞不前。在这种环境下，团体的力量就无法发挥。

一个管理者能处理的工作量有限，即使再能干，顶多也只能做三倍的工作。所以，聪明的管理者应该尽量将工作做适当的分配，这样一来，即使他不在公司，工作也能顺利进行。

此外，要先让每个人都了解自己的工作。如果故意将事情复杂化，就会出现很多问题。这种管理者或许是不放心把事情交给别人做，害怕这么一来，无形中自我存在的价值就更小了。

其实，管理者把事情交给部属，并不表示责任没有了，他还是要时常注意工作进展的。管理者将一些简单的工作交由部属处理，自己则必须在思考新企划案、改善现况方面下工夫，也就是说，要做一些"计划性"的工作。如果管理者整天忙于手头工作，而无法对将来做计划，那么什么事也做不好。所以，担任管理者的第一步就是必须先做整体考虑，然后再采取相应对策。

某建设公司的营业课长谭先生，他桌上有着堆积如山的文件，常常被工作压得透不过气来。在参加管理者教育讲习后，谭先生学会了分析工作上的问题，回到工作岗位后，马上就着手于工作的重新分配。首先，把那些处理不完的文件向部属做个说明，经由他的说明后，每位部属都能愉快胜任。

谭先生的桌上不再有堆积如山的文件了。不仅课内的工作都进行得很顺利，还得到很好的评价，说他处理事情比以前更有效率。当然，这样谭先生就有充裕的时间，再去做新计划的推展了。

所以，管理者只要“向部属说明眼前应该处理的文件”，然后把事情交给他们处理，自己就能有充裕的时间，全力策划新工作了。

商人在经商的过程中也应如此，若是事无巨细，大包大揽，不仅使自己疲于奔命，而且也不会收到好的效果。比如：三国时的诸葛亮为报答刘备的知遇之恩，完成先帝的托孤之重任，“寝不安席，食不甘味”，“政事无巨细，咸决于亮”，终致积劳成疾，过早谢世。

可见，管理者把任何事情都包在自己身上，不仅终日忙碌不堪，还会严重挫伤部属的工作热情：“我们既然都是些无用之辈，就由他一个人干好了。”部属在这种思想影响下，就会消极被动地去工作，有些事本来能做好，也可能因没有积极性与主动性而办得很糟。忙忙碌碌地眉毛胡子一把抓，到头来很可能是“捡了芝麻，丢了西瓜”。

日本松下公司从 1971 年至 1972 年，出现了一个新的趋势，就是在市场、资源和劳力等三方面最有效的国家和地区创办工厂。松下倡议在马来西亚生产空调机，然后输入日本。开始松下公司的一些职员对此举不大理解，认为这样做似乎对日本不利。当时任公司空调机事业部出口科长国水昌彦说：“那时日本松下一年出口二万台空调机，再在马来西亚建立年产十万台的空调机工厂，并且要求其中 90% 出口到包括日本在内的各国。为此，我们非常吃惊。我想这样太不合算！可上面强制性让干，又不能不干。拼命干吧！幸亏当地劳动力便宜，结果还不错，在质量上完全可以与日本媲美。”

松下在马来西亚建立空调机厂，充分利用当地大量而便宜的劳动力资源，还让当地人担任该子公司领导。松下坚持认为：“在那里担任松下电器领导的应该是生长在那片土地上，并受到当地人尊敬的人。”为此，在工厂开办的第四个年头，他精心挑选当地人沙亚尔为管理者。该人是当地电力公司总经理、王族成员。松下还授予国外各区域性子公司负责人以经理权、人事权。这样松下公司既促进了当地经济技术力量的发展，也增加了当地就业和税收，同时使松下电器产品的生产成本更低，在世界市场上更具有竞争力。真是双方受益。

只有善于使用分权术的管理者，才能腾出时间和精力去想全局、抓大事，才能创造出最佳的业绩。当然，如何授权也是很有讲究的。要根据部下的品德和才能授权，不要全给部属一些鸡毛蒜皮的小权；要明确所授权限的范围，不要把授权当做推卸责任的“挡箭牌”；要定事定时授权，不可越级授权等。这一谋略不仅是所有管理者必须掌握和运用好的，也是所有从事商业经营的人必须从中悟出的经验，否则你将会从中失利。

正如我们都知道的一样，一个优秀的管理者，就是一艘船的舵手和风帆，应该有运筹帷幄，决胜千里的大气和风范。如果为了一些琐碎小事而影响了整个团队的前进，实在是有些得不偿失了。老子讲究“无为而治”，在这里“无为”应该理解为放手给下属，解放自己的精力和时间，不该管的事别管，去做一个决策者应该做的事情。这才是管理者的最高境界。

企业管理必须简单

人的理想具有多面性。然而，人不可能什么都精通，所以在各方面的能力有弱有强；而且人的精力也有限，不可能一心多用，同时做很多事。因此，在企业管理中，希望达到什么效果是一回事，能做到什么程度又是另一回事。企业如果想在竞争中获得生存和发展的权利，最好的办法就是充分利用和发挥自己的资源、能力优势，做最擅长的事。要想变复杂为简单，就要大胆取舍，这是简洁化的成功法则。

简单体现在产品生产和研发上面，就是要替消费者着想，现代营销理念是以市场为导向的，而消费者最看重的就是实用。所以要求产品的功能和技术设计更集中、突出，使用尽量简单化。世界著名的摄影器材业先驱柯达公司率先推出的“傻瓜相机”正是在此思想指导下研发的。他们把需要很高的专业水准才能够运用自如的精密仪器，研制改造成无需手动测光对焦的“傻瓜相机”。他们承诺：“你只要按下快门，其他的事由我们来做。”这种相机简单到了连傻瓜都会使用的地步，同时其价格低廉，从而满足了广大消费者的基本需求，完成了照相机发展史上划时代的革命。

随后，柯达公司又宣布不独占全自动相机的专利，这种技术将向全世界所有的制造商公开。正如杜拉克说的：“简单绝不意味着单纯。”简单是一种行之有效的思维方式。其实柯达公司也不单纯，它利用的就是简单的原则，结果随着相机的普及，柯达打开了广大的胶卷、相纸以及冲印服务的市场，以简单的方法获取了更大的利润。

类似于柯达，四通打字机和小霸王学习机则是计算机简洁化的成功典型，并造就了四通集团和中山小霸王集团，当年曾一度垄断中国早期的办公自动化市场。

杜拉克说："许多人认为，变复杂为简单仅仅意味着把信息扔给别人，但这样做往往使问题复杂化。"宝洁的管理层清楚地认识到这一点，它的高层管理者提出了这样的问题：这个世界需要30余种海飞丝洗发水吗？还是需要50多种佳洁士？"多年来我们给消费者制造了这么多困难，这是多么让人震惊！"宝洁总裁达克·贾格尔曾经这样说。

找到了问题的根源，宝洁公司采用了简单的战略，废除了近30种促销形式，也削减了边缘品牌，减少了产品线并且控制推出新产品。这样的改变使销售的产品明显减少，但是盈利额并没有下降，仅仅头发护理业务一项，宝洁公司削减了一半品种，盈利却增加了5%。

有这样一种说法：一流企业靠什么一流？答案就是做标准。其实所谓的标准就是简单化。大凡赚钱的企业都是很简单的。比如说可口可乐、百事可乐，它们走的就是简洁化的路子。他们在世界各地建厂，用相同的瓶子装相同的饮料；销售商用同样的营销模式。再比如说麦当劳、肯德基，同样是简洁化的典型。它们在世界各地的连锁店经营模式完全一样，而且将连锁店的经营权完全交给了加盟商；这是一个"放之四海而皆准"的模式。其实很简单，简单却不能简省。

杜拉克指出："事情本来再简单不过，它们往往不会比造火箭更难。"不论多么复杂的尖端技术，在工厂里都是被分解成简单的标准化操作的环节，然后由一些普通的工人操作。再宏伟的建筑，都是建筑工人一砖一瓦建起来的。试想：如果哪家企业的每一个普通员工都要高科技人才，那企业得开什么样的工资？这样的产品成本将会有多高？那么还有多少人消费得起？

大多数企业在消费者心目中只拥有一个概念。比如：百事可乐只有饮料这一概念，丰田公司只有汽车这一概念，微软只有软件一个概念，新浪只有网络一个概念，海尔只有家电一个概念。成功的公司或品牌都力求简单，只有这样才能成功。

简单管理就是面对看似毫无头绪的事物，要有决然的姿态，舍弃一些东西，使管理变得简单却又有效率，核心就是在企业中形成一种自然秩序。自然秩序的运转必须有一定生存条件，有一定规则。企业管理运作需要形成规范的形式，逐步演变成每个人自然的思维方式，这样组织的运行效率才是最高的，效果是最好的。任何一个企业或集体，都围绕核心做一件事，各个环节上应该做什么、做到什么程度。这样，企业的自然秩序就形成了。形成这种秩序的好处关键在于每个员工都知道了自己的位子，知道哪个环节应该做什么，知道什么条件下我能做什么，用不着别人去告诉他。这种管理就比较简单高效，这样就是上文所说的，形成了一种自然秩序。

要做到简单管理，你首先需要有善于将复杂问题简单化的能力，换个说法就是有准确抓住问题实质的能力。这需要你寻找管理的本质和规律，抓住企业生存、发展的要件。其次要求企业自上而下的所有员工，都必须知道自己什么时候该做什么。建立并维护企业自然秩序的运转就是高级管理者的职责，把岗位上的事做到最好就是员工的任务，每个人都有非常明确的目标和做事的标准。这才是企业的简单管理。

作为一名管理者，你可能对好多事情都不知道该如何去做，也并不意味着你要去做很多的事情。你需要做的就是挑选出最优秀的人才，然后授权给组织中的每一个人，给他们提供充足的装备和支持，还要经常提醒大家什么是重点，并且开创一种大家能够认同的环境。如此而已，这就是你的全部工作。只有这样，才能达到预期的简单，企业管理力求的简单，卓越的简单，而不是一种散漫的简单。

作为一名管理者，为了实现成功管理，在你做任何事之前，请树立这样一个信念：管理越简单越好。简单管理就是要简化组织形式，实施零管理层，就是要把复杂问题简单处理，就是要运用简单的技巧，发掘员工的最大潜能……总之，简单就是一条永恒的自然法则，简单就是力量，简单就是高效。

管理者不做太多决策，只作重大决策

管理大师杜拉克认为：在决策中，“要看‘正当的决策’是什么，而不是‘人能接受的’是什么。”

通用汽车公司一次高层会议时，没有人对一项新的提案提出异议。公司总裁斯隆先生问：“诸位先生，在我看来，我们对这项决策都有了完全一致的看法了。”出席会议的委员们全部点头表示同意。但是斯隆先生接着说：“现在，我宣布会议结束，下次会议时再讨论这一问题。我希望到时候能听到相反的意见，也许那样我们才能真正了解这项决策。”

斯隆先生堪称“天才的决策家”。他认为“提案”都必须经得起事实考验。同时他强调，不能先得出结论，而后去搜集“事实”来支持这一结论。他的观点是：正确的决策，必须从正反不同的意见中才能得到。斯隆先生的事例给出的结论是：除非有不同的见解，否则就不可能有决策。这是决策的一条原则。也就是说，有效的管理者绝不认为某一行动方向为“是”，其他行动方向均为“非”，他也绝不固执己见，以自己为“是”，以他人为“非”。有效的管理者第一步会先找出为什么各人有不同的意见。

杜拉克说：“有效的管理者，做的是有效的决策。”他认为一位管理者之所以受聘为管理者，并不是要他做他“喜欢做”的事，而是要他做他“应该做”的事——尤其是要他做有效的决策。在杜拉克看来：“有效的管理者不做太多的决策。他们所做的都是重大的决策。”他特别推崇被认为是商业史上最有成效的决策者西奥多·维尔（曾于1910年开始担任美国AT&T公司总裁20年）。在西奥多·维尔做贝尔电话电报公司的总裁期间，他成功地将贝尔公司建成全球最大、发展最快的私人公司。杜拉克认为，AT&T 公司之所以取得这样的辉煌成就，主要应归功于维尔担任总裁期间所做的四项重大决策。即公开承诺 AT&T 公司的使命是“我们的企业是服务”，建立贝尔实验室，成立公众监督委员会，以及开创了一个满足非上市私人公司资金需求的大众资本市场。的确，这才是管理者应当做的，也只有管理者才能做的正确的事。

维尔一上任就非常清楚地认识到，如果想要保持自己私营企业不被政府接管，那么贝尔公司必须比政府机关能更好地照顾公众的利益。于是维尔作出了第一个决策：贝尔公司必须预测并满足公众对其服务方面的希望和要求。也就是贝尔的座右铭：“我们的业务就是服务。”然后维尔制定出新尺度检查员工服务工作的好坏，而从来不强调利润完成的情况。

贝尔公司意识到如果企业希望能够存活长久，有效、公正和有原则的公众管理是不可缺少的。维尔因此把实现公众管理当成了贝尔公司的目标，要求员工在拓展业务的同时，还必须注意保护公众的利益。这是维尔作的第二个决策。

为了解决没有正常竞争环境的问题，维尔说：“我们可以把将来当成对手，让将来与现在竞争。”他因此作了第三个决策：建立了贝尔实验室。杜拉克认为“贝尔实验室的建立就是为了大胆淘汰现有产品，即使是那些非常盈利、收效不错的产品，这是一项当时世界上绝无仅有的创举。”

由于贝尔公司需要大笔资金进行公司现代化改造和扩张，于是维尔作了第四项决策：贝尔公司引进一种新型股票，投资者股息有保证，资产增值时还能分享到好处，通货膨胀时免受损失的新型股票，而且贝尔公司的股票由自己做股票承销工作。

西奥多·维尔才华横溢、头脑敏锐、具有非凡的远见，他的确是一个组织天才。他任贝尔总裁期间只做了四项重大决策，却为公司赢得了辉煌。由此可见，“有效的管理者不做太多的决策。他们所作的都是重大的决策。”

决策的有效性取决于决策者对决策可行性、可接受性以及决策质量、耗时等因素的重视程度。管理者在进行决策时，都应当将精力集中在对问题性质的认识上，以便更好地针对问题进行决策。

一位有效的管理者，遇到了问题，总是先假定该问题为“经常性质”。这个问题是经常出现，还是以后会经常出现？抑或是纯粹的偶然？他总是先假定该问题只是一种表面问题，一定另有更基本的相关问题存在。他要找出真正的问题所在，不会以解决表面问题为满足。

如果想要在人事问题上作一个正确的决策，那你必须要有足够的时间进行不间断的考虑，尤其是重要环节用人上，一点也不能含糊。在用人时，对一个人的能力、性格、长处、缺点等，都要经过深思熟虑，看看他是否能够胜任，是否大材小用，是否用的是其所长而回避了所短，是否能够服众，使自己的特长与潜能得以充分发挥等，然后再作决定。

一个有效的管理者，要有战略眼光，不仅要能够把握现在，而且还要能够把握未来。这就要在平时重视对企业发展有重大影响的信息，对市场保持敏锐的洞察力以保障产销方面的决策正确。一个有效的管理者做的决策，一定要符合经济规律、符合企业自身的实际情况，而且必须是经过努力可以实现、有激励作用的决策。

有效的管理者需要的是决策的冲击，而不是决策的技巧；要的是好的决策，而不是巧的决策。有效管理者要尽可能多准备方案，方案越多，选择的余地就越大，采用最佳方案的可能越大；还要充分发挥大家的智慧，集思广益，只有有不同的见解，才会有最好的决策；另外，决策者还要有创新和开拓精神，敢于作出常规的思维不能作出的决策。

管理者还应该将行动纳入决策当中，不要只是纸上谈兵。行动前要做好预谋规划，搞好宣传，让下级能够充分的理解；对执行过程中可能出现的意外情况事先做好准备，并在执行中不断总结经验教训；然后严格按照要求贯彻执行，合理激励员工。

最没有效率的工作是以最高的效率做最没有用的事

杜拉克说：“有效的管理者极为审慎地设定自己的优先顺序，随时进行必要的检讨，毅然决然地抛弃那些过时的任务，或者推迟做那些次要的任务。”这话很明白地告诉人们：企业管理要分清事务的主次，重点出击。许多人误以为在大企业中事务多，管理者应该分清主次，却不知在中小企业也一样，甚至更为重要。

效率专家艾维·利与伯利恒钢铁公司总裁查理斯·舒瓦普曾经会见。会见时，艾维·利说自己可以给舒瓦普个礼物，能在很短的时间内让公司的效益有所好转。舒瓦普说他清楚自己应该做什么，也懂得如何把公司管理得更好，自己需要的不是更多的知识，而是更多的行动。他说：“如果你能告诉我们怎样更好地执行计划，我听你的，在合理范围内价钱由你定。”

艾维·利递给一张白纸，说:“在这张纸上写下你明天要做的几件事。”看到舒瓦普写完了又说：“现在请删除可做可不做或根本不用做的事情。”等到舒瓦普停下时接着说，“现在按照每件事情重要性用数字标明次序。”做完这几项事情之后，艾维·利说：“现在你把这张纸收好，明天早上第一件事情就是把这张纸条拿出来，努力去做你所标出的最重要的那件事，不要管其他的，直到完成为止。然后用同样方法依次去做第二件事、第三件事……。哪怕你一天只做完一件事情，那不要紧，因为你总是在做着最重要的事情。坚持每一天都这样做，等你相信这种方法的价值后，让你公司的人都这样做。这个实验你愿意做多久就做多久，然后给我寄支票来，你认为值多少就给我多少。"

整个会见历时不到一个钟头。一个多月之后，艾维·利收到舒瓦普寄来的一张 30 万美元的支票，并附言说："从钱的观点看，这是我一生中最有价值的一课"。五年之后，这个当年不为人知的小钢铁厂一跃成为世界上最大的独立钢铁厂。

很多时候，你并没有足够的时间、精力去完成所有的事，那就去做最重要的事吧，既然注定是完不成的，就让那些不重要的事剩下来，才会达到最佳效果。

中小企业经常犯这样共同的错误，即在做市场时遍地撒网、广种薄收（这里的广种薄收并不是薄利多销）。这项错误不是少数人会犯，而是大多数营销人员都会犯；不仅一两家企业会集体犯这错误，大多数的中小企业都会集体犯这错误。中小企业犯这种错误的原因是源于中小企业期望值过高，以及通过广种薄收来寻找"东方不亮西方亮"的心理安全感。然而，这种虚构出来的安全感却并不可能真正实现。真正的营销安全感来源于市场地位，只有在局部市场获得较高的市场地位，才能赢得对手的尊重，并博得顾客的接受，才有真正的安全感。

杜拉克认为："一个人的有效性与其智力、想象力和知识之间几乎没有太大的关联。管理者的本能只有通过有条理、有系统的工作，才有可能产生效益。"俗话说："饭要一口一口吃，路要一步一步走。"许多管理者总认为自己能力有限，实际是没有做到有条理、有系统地安排工作。

按照在市场的地位来分，企业可以分为三类：行业龙头企业、区域强势企业（有根据地市场）和有销量但没市场地位的企业。片面追求销量只是一时的，真正有稳定市场地位的企业是龙头企业和区域强势企业。中小企业的生存之道就是：在一定范围之内，根据自己的实际情况开辟小区域市场，然后在有余力时继续开发或扩大小区域市场，最后把小区域市场连成一片。中小企业如果不能做成区域强势企业，就永远做不大。

有一家小型饮料企业，该企业原来面向全国市场，以省为单位划分市场，派10多个业务员去开发，虽然有一定销量，但很不稳定。它的年销售额仅达到500多万元。其中有一名业务员手头有多达70多个市（县）级经销商，一年到头连每个经销商平均拜访一次的时间都没有。这样的营销布局，企业根本不会有太大发展。

后来，管理者发现自己的企业规模根本不足以经营省级市场，目前最重要的不是急于求大的发展，而是先巩固自己的市场稳定，于是确定了三步走的战略方针：

（1）以县为基本营销单元，一个乡镇一个乡镇地做市场，建立市场根据地，然后做成县级市场的龙头老大。

（2）当在几个县同时成为龙头后，再发挥根据地之间的协同效应，将县级根据地连成片，成为区域强势品牌。

（3）按照第一、第二步的方针发展成几个区域强势品牌，然后再连成一片。最终，该企业发展壮大为行业龙头。

上述企业的策略可以称之为市场聚焦策略，或者叫做珠穆朗玛策略。中小企业可能在全国市场籍籍无名，但只要成为区域龙头，就可以在区域市场内博得名气。现代市场是强者通吃的市场，市场地位是生存的基础，有销量没市场地位不可能长期立足。

有一家年销量不过五六万吨的小型酿酒公司，他们的市场却做了三个省的60多个县。事实上讲，每个县的酒市场销量大约有1.5万~2万吨，但他们的公司在那个县的销量都排不上名。后来，他们也是采用该方法，踏踏实实地做好几个县，结果销量也达到了六万吨。经过几年的发展，原来差不多的企业一个个销声匿迹，他们的企业却越做越大，现在在周边三个省内成了赫赫有名的强势品牌。

杜拉克说："卓有成效如果有什么秘诀的话，那就是善于集中精力。有效管理者总是把重要的事情放在前面做，而且一次只做好一件事。""绳锯木断，水滴石穿"。杜拉克的思想实际上符合"矛盾转化论"，如果能把力量集中在最重要的问题上就容易把它解决，而一个重要问题解决后，次重要的问题就会变为重要问题。按照这样的逻辑，所有的问题最终都会得到圆满的解决。

在企业管理中，应该说市场定位是不容易的。刚刚进入市场的企业就像刚进入社会的年轻人一样，往往以为自己样样精通，做什么都能成功，所以往往盲目地做事，最终搞的什么也做不好。

其实，做好一件事情的关键是目标集中。做什么事都要沉得住气，浮躁只能使事情越来越糟。许多企业一上马，把目标定得过高，想做大品牌，想成为业界的龙头，结果是眉毛胡子一把抓，没轻没重。这样做，一方面会因为目标过大，又没有细致的规划，什么也做不精；另一方面也容易因为精力过于分散，难以在用户心目中形成鲜明的定位。另外，市场战线拉得太长，则会使企业在市场形象塑造过程中花费的代价更大。

就像杜拉克分的人生四个现象：如果你总是做“重要且紧迫的事”，就常常有很多的剩余时间。做完“正事”之后，你还会有相当多的时间去做“重要而不紧迫”、“不重要且紧迫”甚至“不重要且不紧迫”的事。

在低绩效或失败的管理者中，好多人最易犯的错误是把“紧迫的事”与“重要的事”混为一谈，把战略与战术、“做正确的事”与“正确地做事”混为一谈。这正如杜拉克说的话，最没有效率的人就是那些以最高的效率做最没用的事的人。当你清楚“紧迫的事”与“重要的事”之后，如何“把最重要的事放在第一位”就是最重要的了。

要为企业找到一个专而精的市场定位并不难，关键考虑两点：首先要对目标市场进行细分，找到潜力最大的方向；其次要对自己所能掌握的资源心中有数，扬长避短，把最重要的事放在首位。然后在这二者间找到最佳的结合点，从结合点着手，企业一定会走向成功。

四、奖惩不是为了奖善惩恶，而是以结果为导向

管理既是一门科学，又是一门艺术，激励则称得上是“艺术的艺术”。没有激励的管理是不讲艺术的管理，管理就是一个不断激励员工的过程。激励的秘诀就在于让员工觉得自己受到重视，这样才能激发他们的责任心和积极主动性。

满足员工的心理追求

1949 年，37 岁的大卫·帕卡德参加了一次美国商界领袖们的聚会。与会者就如何追逐公司利润侃侃而谈，但帕卡德不以为然，他在发言中说："一家公司有比为股东挣钱更崇高的责任，我们应该对员工负责，应该承认他们的尊严。"帕卡德在造就硅谷精神方面的贡献，恐怕超过了任何 CEO。他的以人为本的理念，影响至深至远。正是创始人帕卡德这种以人为本的管理理念成为了惠普之道的核心价值，也缔造出了今天惠普（HP）这个产业帝国。

公司的目的是赢利，但是帕卡德之所以说"应该有比为股东挣钱更崇高的责任"，这正是基于人的需求层次不同而说的。人的需求层次理论是美国心理学家马斯洛在《人类动机的理论》一书中提出的。他认为人的需求有一个从低到高逐渐发展的五个层次：生理需求、安全需求、社会需求、自尊需求、自我实现需求。

生理需求是人类最基本的需求和欲望。随着物质的进步和人们生活水平的提高，人类不会安于低层的需求，较低层的需求被满足之后，就会往高处发展，也就是说，人在满足了生存、安全的需求之后，就渴望被尊重。

将马斯洛的理论运用在管理上，就是人们通常所说的人本管理。对员工的物质奖励往往是最低层次的。人们的要求会不断提高，会更多地向求得社会认同和尊重这个方向努力。反映在企业管理理论上，就是从泰勒的科学管理之后，一个再也没有改变的主题，就是对人的尊重。在现在的企业组织中，已经没有比尊重个人更为普遍和明确的价值观了。它要求我们在企业管理中，应该进行一种人性的回归，实行以尊重员工为核心的人本管理。

IBM 创始人老沃森一生中有一半时间在旅行，一天工作 16 小时，几乎每个晚上都参加员工俱乐部举办的仪式和庆典。他乐于同员工交谈，当然不是以一个好奇的上司自居，更多的是以一位老朋友的身份出现，这是他那个时代人写下的记录。但实际上今天我们还可以听到关于沃森先生的故事，而且这些故事已经成为这个卓越企业的文化组成部分。如“不关门”制度、俱乐部、简单化、布道、狂欢以及培训等等。他的继任者小托马斯·沃森在《商业及其信念》一书中强调：“IBM 经营哲学的大部分都集中在其三个简单的信条当中，我要从我认为最重要的那一条说起，那就是，我们对每个人都要尊重。尽管这只是一个很简单的理念，但 IBM 为了实现这条理念，确实耗费了大部分的管理时间。我们在此投入了比做其他任何事情都要多的精力。实际上，这一信条在我父亲的脑子里就已经根深蒂固了。”小沃森又说：“我们几乎每一种鼓励措施都是用来激发人们的热情的，我们早先强调人际关系并非受利他主义的影响，而是出于一条简单的信条——如果我们尊重员工，而且帮助他们自尊，这将会使公司的利润实现最大化。”

如何实行以尊重员工为核心的人本管理？

（1）尊重员工的人格：任何人都有被尊重的需要。员工人格一旦受到尊重，往往会产生比金钱激励大得多的激励效果。比如一个企业，称门卫为门卫工程师，自从有了这个称谓后，门卫的工作更出色了。这些不需要成本的激励措施，是尤其需要企业管理者去提升的。

（2）尊重员工的意见：员工参与程度越深，其积极性越高。尊重员工的意见，就是要员工自己作出承诺并且努力地实现承诺。在我国的企业管理中，让员工自己作出承诺并尊重这种承诺的机会太少，这种管理现状的直接后果是：员工对组织提出的宏伟目标没有亲和力，事不关已、高高挂起，管理者豪言壮语，员工置若罔闻。尊重员工的意见，就是要让员工自己管理自己，自己做自己的主人，充分发挥参与式管理的作用，利用团队建设，实现团队的沟通与互动，提高组织效率。

（3）尊重员工的发展需要：任何员工的工作行为不仅仅只是为了追求金钱，同时还在追求个人的成长与发展，以满足其自尊与自我实现的需要。绝大部分人都有自己的职业计划，在自己的职业生涯中有意识地确定目标并努力追求目标的实现，企业应该了解员工的职业计划，并通过相应的人力资源政策帮助员工实现自己的职业计划，使之有助于企业目标的达成。

晋升激励，适得其反

杰克在汽车维修公司是一名热忱又聪明的学徒，不久他被聘为正式的机械师。在这个职位上他表现突出，不但能诊断汽车的疑难毛病，还能不厌其烦地加以修复。于是他又被提升为该维修厂的领班。然而，在担任领班之后，他原先对机械的热爱和追求完美的性格反而成了他的缺点。因为不管维修厂的业务多么忙碌，他还是承揽任何他觉得看起来有趣的工作。

他总是说："我们总得把事情做好嘛。而他一旦工作起来，干不到完全满意绝不轻易罢手。"他事事干预，极少坐在他的办公室。他常常亲自动手修理拆卸下来的引擎，而让原本从事那件工作的人呆站在一旁，并且不会给他指派新的任务。

结果维修厂里总是堆着做不完的工作，总是显得一团糟，交货时间也经常延误。

杰克完全不了解，一般顾客并不在乎车子是否修得尽善尽美，他们希望能如期取回车子。杰克也不了解，大部分工人对薪资比对引擎的兴趣还要浓。

因此，杰克对他的顾客和部属都不能应对得宜。从前他是一位能干的机械师，现在却成为不胜任的领班了。

每一个组织都是由各种不同的职位、等级或阶层的排列所组成。管理学家劳伦斯·彼得研究了千百个有关组织中不能胜任的失败实例后，分析归纳出著名的"彼得原理"。即："在一个等级制度中，每个员工趋向于上升到他所不能胜任的地位"。具体是：每一个员工由于在原有职位上工作成绩表现好（胜任），就将被提升到更高一级职位；其后，如果继续胜任则将进一步被提升，直至到达他所不能胜任的职位。由此的推导是：每一个职位最终都将被一个不能胜任其工作的员工所占据，层级组织的工作任务多半是由尚未达到胜任阶层的员工完成的。彼得原理有时也被称为“向上爬”原理。

由于企业实行的也是层级制度，也存在同样的隐患。如果简单地将企业的人分成两类，那么将存在两类人。第一类：能胜任现在的工作，但基本已“定型”，不具备自我提升的素质，永远只能做好现在的工作，再向上升一级就是错误。第二类：不但能胜任现在的工作，也具备自我学习、自我总结、自我提高的素质和能力，能不断提高自己的能力，从而胜任所有的职位。由此可见，企业的用人之道可简单地概括为：发现并培养第二种人。由此推导的结论是：必须充分认识到人力资源部的重要性，成立人力资源部并有效运作，发现并培养企业每一职位的接班人，在人力资源上形成可持续发展的潜力。

汤姆斯是市公共工程部的维修领班，他为人亲切和气，深获市政府高级官员的赏识和称赞。

一名工程部的监工说：“我喜欢汤姆斯，因为他有判断力，又总能保持愉悦开朗。”

汤姆斯的这种性格恰恰适合他的职位：因为他不必做任何决策，自然也没有和上司意见分歧的必要。

后来那位监工退休了，汤姆斯接替了监工的职务。

和以前一样，他依然附和大家的意见，上司给他的每个建议，他不经选择就全部下达给领班，结果造成政策上的互相矛盾，计划朝令夕改。不久整个部门的士气便大为低落，接二连三地接到来自市长、其他官员、纳税人以及工会工人的抱怨。

至于汤姆斯，他依旧对每个人唯唯诺诺，仍旧在他的上司和部属之间来回传送讯息。名义上是一名监工，实际上他做的却是信差的工作。

他所负责的维修部门经常预算超支，而原定的工作计划也无法完成。

汤姆斯以前是一名称职的领班，现在却变成不能胜任的监工了。

组织上似乎合理的晋升不仅使晋升后的员工无所适从，而且还对组织的整体效率产生了严重的负面影响，这说明这种看似合情合理的晋升机制实际上是不科学的，表面的“合情合理”只是一种假象，假象背后隐藏的很可能是一连串的祸患。

由此可见，在企业中要建立科学、合理的人员选聘机制，客观评价每一位员工的能力和水平，将员工安排到其可以胜任的岗位。不要把岗位晋升当成对员工的主要奖励方式，而应建立更有效的奖励机制，更多地以加薪、休假等方式作为奖励手段。对个人而言，虽然每个人都期待着升职，但不要将往上爬作为自己的唯一动力。与其在一个无法完全胜任的岗位勉强支撑、无所适从，还不如找一个自己能游刃有余的岗位好好发挥自己的专长。

只有每一小步都受到鼓励，人们才敢尝试迈出更大的步子

每一个企业里都有自己的激励机制，但是很多企业的激励机制起不到应有的作用，因为激励是变化的，不同的发展阶段应该有不同的激励方式，不能一成不变，同时激励又分为静态激励和动态激励。静态激励就是企业的制度，例如奖金制度、处罚条例等等，这是最基本的激励，也是很多企业用得最多的；动态激励就是指管理者根据阶段的变化和环境的要求以及员工的实际情况等做出的具有激励作用的决定，而这个激励又是最关键的，要想让你的下属跑起来，动态的激励方式必不可少。

戴尔公司培训销售人员是采取“太太式培训”的方式。所谓“太太式培训”就是把销售经理比喻为销售新人的“太太”，销售经理像太太一样不断地在新人耳边唠叨、鼓励，才能让新人形成长期的良好销售习惯，从而让销售培训最终发挥作用。培训由培训经理和销售经理一起完成。销售新人不仅向一线经理汇报，还要向培训经理汇报。培训经理承担技能培训和跟踪、考核职能（每周给销售新人排名，用 e－mail 把排名情况通知他们），销售经理承担教练和管理职能，通过对新人的培训，达到提高业绩的目的。先是为期三周的集中培训，由专家讲解销售的过程和技巧，邀请有经验的销售人员来分享经验。然后每周末召开会议，销售经理与培训经理都参加，检查新人上周进度，讨论分享工作心得，分析新的销售机会，制定下周的销售计划。销售经理与培训经理、新人们一起讨论新人的成

长、下一步的走向。最终，“太太”在工作中能够自觉指导新人运用销售技巧，及时鼓励新人、有效管理新人。

“太太式培训”的效果非常惊人，戴尔公司销售代表每季度平均销售额是 80 万美元，没有“太太式培训”的时候，新人第一季度平均销售为 20 万美元，经过这样培训，新人在第一季度的平均业绩达到 56 万美元。

管理者在激励员工的时候，要想发挥好的效果，必须深谙激励之道，熟悉“感情、帮带、培训、奖励、处罚、竞争、公正、授权”十六字真言，并加以综合运用，这样员工才会跑起来。在这十六字真言中，感情起着至关重要的作用，相对而言也较难处理，如果把握不好，就可能弄巧成拙。

感情意味着赏识和信任。有的管理者和员工的感情很好，大家都是哥们弟兄，结果发现自己的威信越来越差。为什么？因为员工感觉管理者也不过如此，大家都是兄弟，谁也离不开谁了。感情传递的是你对员工工作的认可，对其能力和人品的信任，有时候看到员工累了过去拍拍他的肩膀，一句话也不说，起到的效果比请员工吃顿饭都要好得多。

管理者不要吝啬你的信任和赞誉，尤其是在公共场合，精神激励时时刻刻会调动员工积极的神经。同时公司和私人不一定要绝对分开，私下的生活细节关心见真情，生日团队庆祝等也能起到不错的效果。

建立有效的薪酬制度

400 多年前，英国经济学家格雷欣发现了一个有趣现象，两种实际价值不同而名义价值相同的货币同时流通时，实际价值较高的货币，即“良币”必然退出流通——它们被收藏、熔化或被输出国外；实际价值较低的货币，即“劣币”则充斥市场。人们把这种现象称之为“格雷欣法则”，亦称之为“劣币驱逐良币规律”。

所有企业在薪酬或人力资源管理方面均可能发生与格雷欣所见类似情形，实际生活中的例子亦屡见不鲜。由于企业在薪酬管理方面没有充分体现“优质优价”原则，高素质员工的绝对量尤其是相对量下降——这一方面表现为对自己薪酬心怀不满的高素质员工另谋高就；另一方面亦表现为企业外高素质人力资源对企业吸纳诉求消极回应，往往导致企业低素质员工绝对量尤其是相对量上升——一定数量高素质员工留下的工作岗位需有更多低素质员工填补时尤其是这样。这还只是薪酬管理“格雷欣法则”刚启动的情形。

我们当然不能将所有高素质员工的流失都归结为“格雷欣法则”惹的祸。有时，高素质员工流失是由于用非所学；有时则由于个人的价值取向与企业主流文化存在难以弥合的差异等等。但确有相当一部分高素质员工的流失，是由于薪酬或人力资源管理“格雷欣法则”的作用。

在薪酬上，一方面人力资源本身千差万别；另一方面薪酬更为丰富多彩。因而，企业在员工的薪酬管理方面的“格雷欣法则”有诸多具体表现形式：

（1）在同一企业，由于旧人事与薪酬制度惯性等原因，一些低素质员工的薪酬超出高素质员工，从而导致低素质员工对高素质员工的“驱逐”。

（2）在同一企业，由于旧人事与薪酬制度惯性等原因，一些低素质员工与高素质员工薪酬大体相当，从而导致低素质员工对高素质员工的“驱逐”。此种情形可看作是上述第一种情形的特例。

（3）在同一企业，由于旧人事与薪酬制度惯性等原因，虽然高素质员工的薪酬超出了低素质员工，但与员工对企业的相对价值不成比例。现阶段，这是低素质员工对高素质员工“驱逐”的一般情形。

面对激烈的市场竞争，山东东阿阿胶股份有限公司（以下简称“东阿阿胶”）视人力资源为企业的“第一资源”，实施“人才强企”战略。以人为本，改革内部薪酬分配制度，完善人才激励机制，建立与企业发展战略相适应、对外竞争力强、对内激励充分的薪酬分配体系，使人力资源成为企业参与市场竞争、企业发展的战略性力量，人力资本不断增量，人才层次不断提高，企业综合竞争实力不断增强。

（1）确立与企业发展相适应的薪酬策略。为建立与公司现状相适应并能推动公司持续发展的收入分配机制，体现岗酬结合、技酬结合、劳酬结合，形成责权利相结合、工效紧密挂钩的薪酬分配体系，实现个人利益与企业长远发展的有机统一，最大限度地调动员工积极性，增强企业竞争力。2000 年 10 月份，公司对薪酬分配制度改革进行了系统规划，确立了薪酬制度改革的方向、目标和原则。公司薪酬制度改革的目标是以市场、行业差别确定工资差别和标准，并根据企业经济效益，以员工岗位为对象，以点数为标准，按照员工个人的实际能力确定点数，以单位经济效益获取的工资定点值，确定劳动报酬的一种弹性等级薪点工资分配制度，克服现行工资制按固定数额支付工资等不足，使企业的工资分配与市场对企业工资的决定机制相适应。薪酬制度改革遵循四大原则：公平、客观分配的原则；在职业劳动力市场保持优势的原则；依责、依绩分配的原则；有效激励的原则，根据员工业绩评估周期，把员工的薪酬与当前业绩和未来发展紧密地联系的原则。

（2）深入开展职务调查和工作分析，优化组织职能。公司成立了以总经理为组长的工作分析领导小组和工作分析小组，开展了高管及一线操作工以外人员 248 个职位的职务调查和工作写实分析，对职位、部门职能、组织机构进行了重新理顺、全面整合，减少 5 个岗位，优化职能 8 项，杜绝了职能交叉、职责不清的现象，加速了信息流传，提高了人力资源利用效率和管理绩效。

（3）科学设定职位要素，合理确定薪酬水平。自 1993 年以来，东阿阿胶就实施了岗位测评，经过十几年的积累和逐步完善，已形成了较成熟的测评体系。2000 年底，公司对职位（岗位）评价要素进行了重新设计，设置职位（岗位）评价要素包括责任要素、知识经验与技能要素、努力程度要素、工作环境要素四个大类和风险控制责任、成本控制责任等 27 个细类，组成以总经理为组长、由高中层管理人员参加的工作评价小组，对重新整合的 243 个职位进行了科学、公正、客观的评价，结合市场薪酬调查结果，确定了在市场竞争环境中具有高竞争力的、与公司业绩相适应的薪酬水平，以市场变化和公司业绩变化来调整薪酬点值，将员工的短期利益、中期利益与长远利益有效地结合起来。

（4）推行新型薪酬制度，增强企业竞争力。公司确定的新型薪酬制度，充分考虑了企业的发展战略，保证公司战略的实现。新型薪酬制度，以岗位设置为基础，按各类人员对公司经营发展的作用、贡献不同，分层次确定薪酬分配侧重点，加大了核心层、管理层的分配力度，向科研、营销、技术岗位倾斜，合理确定普通员工的收入水平。高中层实行年薪制，考核年薪、效益年薪与公司年度目标完成情况、工作业绩挂钩，强化了高中层管理人员的风险责任，提高了企业抗御风险能力。一般员工实行等级工资制，划分主管、技术、营销、文秘、生产、工勤六个系列，合理拉开工资差距，结构组成灵活，易于操作，易岗易薪，能升能降，同工同酬，这种科学的阶梯工资形式、弹性工资分配制度，充分体现了员工对公司发展的重要价值和作用。

由上例可以看出，要想遏制“格雷欣法则”，企业确实需要建立灵活的薪酬体系，其核心是：管理者必须运用薪酬规则，针对不同的情形进行灵活处理。要想切实激发优秀员工的积极性，管理者必须按照如下方式行事：

（1）付给员工突破企业规定的上限的薪酬。

（2）给予被聘员工超过企业薪酬平均值的薪酬。

（3）给予薪酬超过企业平均值的员工的加薪幅度大于平均值以下的员工。

（4）聘用那些薪酬高于其上司的明星员工。

管理需要正面的、积极的激励

生物学家做过一个试验：把跳蚤随意向地上一抛，它能从地面上跳起一米多高。但是如果在一米高的地方放个盖子，跳蚤碰几次壁之后，它就只能跳起 90 厘米的高度，直至结束生命，它再也不会跳过一米的高度。

这种“跳蚤效应”说明一个道理：挫折唤起的不总是勇气，潜能也不是自然而然就可以发挥出来的，没有正面的、积极的激励，动物也好，人也好，也许就会“知难而退”，逐渐丧失进取和超越的动力。人在成长阶段，对待外界评价比较敏感。他们身上固然还存在着各种各样的缺点和不足，对他们严格要求是必要的，但是如果对他们总是一味怀疑、指责、批评，使他们四处碰壁，难觅知音，创造的热情就会冷却，上进的勇气就会消失。

在美国企业界，有一个深孚众望的奖项——美国国家品质奖。它象征着美国企业界的最高荣誉。赢得此奖的企业，必须是能生产全国最高品质产品的企业。

为赢得该奖项，摩托罗拉公司从 1981 年就开始了竞争。它派了一个侦察小组，分赴世界各地表现优异的制造机构进行考察。目的不仅是看他们怎么做，也要看他们如何精益求精。所有摩托罗拉的员工都面临着挑战，力求大幅度降低工作中的错误率。摩托罗拉没有把注意力过多地放在如何对那些已经出现的错误进行惩罚，而更多地从正面去激励所有员工谨小慎微、精益求精。他们不仅致力于提高所有员工的责任感，要求他们以主人翁的态度确保每一项工作的正确无误，还专门组织了一批以时计酬的工人，负责指出错误并有奖赏。与反面惩罚可能造成的人心惶惶、怨声载道相反，采用这种正面激励的策略，结果是产品错误率降低了90%，但摩托罗拉仍不满意。公司又设定了新的目标：所生产的电话合格率达到99.997%。所有摩托罗拉员工，都收到一张皮夹大小的卡片，上面标示着公司的目标。公司还制作了一盒录像带，解释为什么99%的产品无故障仍嫌不足。这盒录像带指出，如果这个国家的每一个人，都以99%的品质来工作，那每年就会有20万份错误的医药处方，更别说会有3万名新生儿被医生或护士失手掉落地上。试问，99%的品质，对于将其性命托付给摩托罗拉无线电话的警察而言，是否足够？1988年，66家公司开始竞夺美国国家品质奖。大部分参赛单位实际上都是一些像IBM、柯达、惠普等大公司的某一部门，但摩托罗拉却以整个公司为单位参加竞赛，并以绝对的优势轻松夺魁。1988年度，摩托罗拉因减掉了昂贵的零件修复与替换工作，而节省了2.5亿美元，收入增加了23%，利润提高了44%，达到前所未有的纪录。这样的盈余回报是令人欣慰的，也超出原先的预期。一名主管声称："得美国国家品质奖，有一种金钱买不到的奇效。"

这就是设立目标的效力，目标激励员工，使员工产生积极性。在实施激励方法时，应该像摩托罗拉一样，注重正面激励，当奖则奖。同时，摩托罗拉采用这种奖励方法会一举数得。它既使创新者追求成功的心理得到满足，又是一种经济奖励，还可以以此留住人才，并促使他们为公司效益不断提高而更加努力地去进行新的创新。

公平、合理的工资分配

亚当斯是美国行为科学家，他提出的公平理论，又称社会比较理论，侧重于研究工资报酬分配的合理性、公平性及其对员工生产积极性的影响。

亚当斯认为，当一个人做出了成绩并取得了报酬以后，他不仅关心自己所得报酬的绝对量，而且关心自己所得报酬的相对量。因此，他要进行种种比较来确定自己所获报酬是否合理，比较的结果将直接影响今后工作的积极性。

一种比较称为横向比较，即他要将自己获得的“报偿”（包括金钱、工作安排以及获得的赏识等）与自己的“投入”（包括教育程度、所作努力、用于工作的时间、精力和其他无形损耗等）的比值与组织内其他人作社会比较，只有相等时，他才认为公平。

另一种比较是纵向比较，就是把自己目前投入的努力与目前所获得报偿的比值，同自己过去投入的努力与过去所获报偿的比值进行比较。只有相等时他才认为公平。

诺基亚原是一个以造纸起家的芬兰小公司，历经130多年，非但没有为时代所淘汰，反而一举走出世界，从摩托罗拉和爱立信等老牌电信巨头手中夺过了手机老大的宝座。解读诺基亚公司的成功，公司内部富有竞争力的薪酬激励机制起了重大作用。诺基亚认为，优秀的薪酬体系，不但要求有一个与企业相配的公平合理的绩效评估体系，更要在行业内企业间表现出良好的竞争力。为了确保自己的薪酬体系具备行内竞争力而又不会带来过高的运营成本，诺基亚在薪酬体系中引入了一个重要的参数——比较率，计算公式为：诺基亚员工的平均薪酬水平/行业同层次员工的平均薪酬水平。例如：当比较率大于1，意味着诺基亚员工的平均薪酬水平超过了行业同层次员工的平均薪酬水平，比较率小于1，则说明前者低于后者；等于1，两者相等。诺基亚根据每年的市场调查得出的数据，对企业内部不同层次的员工薪酬水平进行适当调整，务求每一个层次的比较率都能保持在1~1.2的区间内。诺基亚的薪酬体系注意重酬精英员工，其薪酬比较率明显地随级别升高而递增：在3~5级员工中，其薪酬比较率为1.05；而在更高一级的6级员工中，其薪酬比较率为1.11；到了7级员工，这个数字提高到了1.17。也就是说，每一级员工的薪酬水平都以其对企业的贡献为依据，级别越高的员工，其薪酬就越有行业竞争力。这样，就在确保富有竞争力的薪酬体制能吸引住企业的重要员工的同时，实现了薪酬管理的公平、公正，能够激发各级员工为企业发展竭尽所能以求得更高级别薪酬的积极性。

充分利用激励机制就可能极大地调动企业员工的积极性，保证企业各项工作的顺利进行。

奖罚有度

中国古代的治国统兵实践经验中有“赏不可不平，罚不可不均”的说法。这是指管理者、统治者要赏罚严明，善于通过奖赏和惩罚这两种正、负强化激励手段，来达到鼓励先进，鞭策后进，提高绩效的目的。爱护下属不是溺爱，必须有必要的褒扬和处罚，恩威并施。赏罚的关键是：要严明、公正。

赏罚严明就是强化法则的核心内容。强化法则又称行为矫正法则，是由美国哈佛大学心理学教授斯金纳提出来的。

强化法则认为，无论人还是动物，为了达到某种目的，都会采取一定的行为，这种行为将作用于环境，当行为的结果对他或它有利时，这种行为就会重复出现，当行为的结果不利时，这种行为就会减弱或消失。

强化是对一种行为的肯定或否定的后果（报酬或惩罚），它至少在一定程度上会决定这种行为在今后是否会重复发生。可分为正强化和负强化。

正强化，不仅能起到正面引导的作用，使本人有成就感，增强保持荣誉的内在动力，也有利于形成学先进、争上游的心理气氛，激励人们上进。例如，企业用某种具有吸引力的结果（如奖金、休假、晋级、认可、表扬等），表示对员工努力进行安全生产的行为的肯定，能够增强员工进一步遵守安全规程进行安全生产的意识。

负强化，可以起到劝阻和警告作用，使本人及他人不再发生和减少错误行为。惩罚是负强化的一种典型方式，即在消极行为发生后，以某种带有强制性、威慑性的手段（如批评、行政处分、经济处罚等）给人带来不愉快的结果，或者取消现有的令人愉快和满意的条件，以表示对某种不符合要求的行为的否定。

斯金纳认为，强化法则在具体应用中应遵守如下原则：

（1）要依照强化对象的不同采用不同的强化措施。人们的年龄、性别、职业、学历、经历不同需要就不同，强化方式也应不一样。

（2）小步前进，分阶段设立目标，并对目标予以明确规定和表述。对于人的激励首先要设立一个明确的、鼓舞人心而又切实可行的目标，同时还要将目标进行分解，这样不仅有利于目标的实现，而且通过不断地激励可以增强信心。

（3）及时反馈。要通过某种形式和途径，及时将工作结果告诉行动者。

（4）正强化比负强化更有效。在强化手段的运用上，应以正强化为主；同时必要时也要对坏的行为给以惩罚，做到奖惩结合。

强化法则有助于对人们行为的理解和引导。因为，一种行为必然会有后果，而这些后果在一定程度上会决定这种行为在将来是否会重复发生。那么，与其对这种行为和后果的关系采取一种碰运气的态度，就不如加以分析和控制，使大家都知道应该有什么后果最好。

“为了激励员工士气，从即日起，各部门开始做业绩评比，到月底交财务部结算统计，落后的部门全部减薪一半。”H 公司的老板突然召集各级干部开会，宣布他的最新整改措施。

H 公司是一家中等规模的企业，发展一直很平稳，但这两年受大环境的影响，业绩一直在下降，各部门也都在苦思对策，希望可以化解目前的危机。但大家都没想到，老板会想出这样过激的做法。看到大家不愿接受的神情，老板振振有词地说：“你们没看报纸吗？人家香港公务员不也准备减薪？”

一个月后，绩效较差的三个部门果然被减薪一半。虽然大家事前都知道会有这种结果，但内心还是抱着一丝希望，以为老板故作声势吓唬人。现在看到真的减薪了，公司中下层开始出现一些不满的声音，工作上也普遍出现消极怠工的现象，到最后，连老板“没钱发薪”的谣言也出来了，有些还传到竞争对手那里去了。老板发觉事态严重，重新思考对策，终于收回他的决定，恢复原来的制度，一场风波才平息下来。

许多管理者对于工作不努力、绩效不佳、迟到早退及不守秩序的员工实在很头痛。尤其是一些老员工，他们的能力对公司而言，可能已经没有太大的价值，但却经常倚老卖老地破坏制度。于是H公司想出以扣薪代替责骂的方法，原来是想借此排除管理上的人情压力，惩罚犯错的员工，纠正其不当的行为，可是这种“一竹竿打倒一船人”的做法，却让许多员工的内心产生不平衡，而且员工对公司的不信赖与不满，远比扣薪厉害得多。

利用扣薪来处分员工，在本质上是为了阻止员工继续犯错，改善其工作态度，这种方法本身并没有错。但问题在于这个方法的具体运用上，像H公司的政策，不合理的地方就在于：它以一个部门为单位来扣薪，而每个部门的工作内容不一样，同一部门每个人的工作也是不一样的，最后却“享受”同样的对待，他们能接受吗？

其实，惩罚用得过多，也是管理者的一种无能表现，员工们会认为：我们的管理者除了会惩罚以外，没有什么好的管理方法。惩恶扬善是一种好的激励方式，但惩罚滥用就会失去原有的激励作用。

激励要讲求实效

一个人看见猎人用网捕鸟，觉得有趣。他研究了一阵，发现最后把鸟卡住的不是整张网，而是一个小网眼，这使他感到奇怪：既然最后把鸟卡住的只是一个小网眼，那为什么还需要一张大网呢？于是他用绳子做了一个小圆圈，用它来代替网。结果，这个“聪明人”一只鸟也没有捕到。

举网提纲，振裘持领，纲领既理，毛目自张。事实上，每一种激励法就像个网眼，而各种方法一起才构成一张激励之网。单靠一种方法是难以产生作用的，只有各种方法综合使用，才不至于掉入“聪明人”的思维陷阱之中。

讲求实效、综合激励是期望激励理论的核心内容，这一理论是美国行为科学家爱德华·劳勒和莱曼·波特 1968 年所合著的《管理态度和成绩》一书中提出来的一种激励理论。其主要观点如下：

（1）激励导致一个人是否努力及其努力的程度。

（2）工作的实际绩效取决于能力的大小、努力程度以及对所需完成任务理解的深度。

（3）奖励要以绩效为前提，不是先有奖励后有绩效，而是必须先完成组织任务才能导致精神的、物质的奖励。当员工看到他们的奖励与成绩关联性很差时，奖励将不能成为提高绩效的刺激物。

（4）一个人在做出了成绩后，得到两类报酬。一是外在报酬，包括工资、地位、提升、安全感等。外在报酬往往满足的是一些低层次的需要。另一种报酬是内在报酬，即一个人由于工作成绩良好而给予自己的报酬，如感到对社会做出了贡献，对自我存在意义及能力的肯定等等。内在报酬对应的是一些高层次需要的满足，而且与工作成绩是直接相关的。

（5）奖惩措施是否会产生满意，取决于被激励者认为获得的报偿是否公正。如果他认为符合公平原则，当然会感到满意，否则就会感到不满。满意将导致进一步的努力。

期望激励理论提供了许多启示，它告诉我们，不要以为设置了激励目标、采取了激励手段，就一定能获得所需的行动和努力，就一定会使员工满意。要形成激励——努力——绩效——奖励——满足并从满足回馈努力这样的良性循环，取决于奖励内容、奖惩制度、组织分工、目标导向行动的设置、管理水平、考核的公正性、领导作风及个人心理期望等多种综合性因素。

拿破仑一次打猎的时候，看到一个落水男孩，一边拼命挣扎，一边高呼救命。这河面并不宽，拿破仑不但没有跳水救人，反而端起猎枪，对准落水者，大声喊道：你若不自己爬上来，我就把你打死在水中。那男孩见求救无用，反而增添了一层危险，便更加拼命地奋力自救，终于游上岸。

对待自觉性比较差的员工，一味地为他创造良好的软环境去帮助他，并不一定让他感受到“萝卜”的重要，有时还离不开“大棒”的威慑。偶尔利用你的权威对他们施加压力，会及时制止他们消极散漫的心态，激发他们挖掘自身的潜力。自觉性强的员工也有满足、停滞、消沉的时候，也有依赖性，适当的批评和惩罚能够帮助他们认清自我，重新激发新的工作斗志。

五、管理中不仅要授权，更要监督和考核

监督与考核是企业管理的重要内容。监督、考核不力，会使管理者置身其中却如同水镜花，什么人在干什么事、干得好不好自己全然不知。在这种根本看不到下属真实状况的情形下，再先进的管理方法都不会发生大的效用。

大权集中小权分散

智慧型的权力思维表现在——如果你是企业的管理者，处于企业的中心地位，在权力的运用上应做到大权集中，小权分散。

小公司、小企业虽然规模不大，但处于当今高速发展的社会和以平等自由为基准的社会体系中，管理者不能不讲科学性，只会一味蛮干，忙忙碌碌，到头来很可能“捡了芝麻，丢了西瓜”。

古今中外的管理者在集权和分权问题的处理上，给今天的管理者们留下许多经验和教训。

西汉丞相陈平，有一次皇帝问他：“全国一年判决多少案件，收多少钱粮?”他回答：“这些事，可问主管部门。丞相只主管群臣，不管这些事。”

诸葛亮被后世人誉为智慧和聪明的化身，但他的致命弱点便是“政事无巨细，咸决于亮”。他为了报答刘备的知遇之恩，完成先帝的托孤之重任，“寝不安席，食不甘味”，“夙夜忧叹”，终致积劳成疾，只活了54岁就谢世了。连他的对手司马懿也曾预料到：“食少事烦，岂能长久?”后人在推崇他“鞠躬尽瘁，死而后已”的忘我精神和运筹帷幄的超人才华之余，则又对他事必躬亲的作风不胜嗟叹。把大小事情全都自己包揽起来，日夜拼命工作的领导者，只能导致自己忙得团团转，甚至像诸葛亮那样累死。

而另一方面，下属如被夺去了应有的权力，其积极性就会被大大挫伤。《韩非子》中“乐池用门客”的故事就是一例：

中山国相国乐池，奉命带领百驾车马出使赵国。为了管好队伍，他在门客中选出一个能干的人带队。走到半路车队不听指挥乱了行列，乐池责怪那个门客说：我认为你是有才能的人，所以叫你来领队，为什么到半路就乱了阵脚？那门客回答：你不懂管理艺术，要管好队伍，就要有职有权，能根据各人的表现对他实行必要的奖惩。我现在是下等门客，你没有授予我这方面的职权，出现失误为什么要怪我呢？

所以，企业管理者要腾出精力、时间抓大事，就必须使用分权术；要想调动部下积极性，就必须坚决授权。

靠“绩效考核”证明优良中差

作为一个部门的管理者，每个月都要对员工做出绩效的考核，以便向上级汇报员工的个人品质，作为上司提升自己的依据。所以，部门新管理人就要综合地给予员工评价。

作为公司人力资源管理的一项重要常规工作，中国境内各类公司的年终绩效考核一般都在每年1月份进行。

据了解，目前许多外资公司和内资公司，在考绩方面存在的主要缺陷有：理念狭窄，操作不规范，方法陈旧、失当。

那么，如何提升绩效考核的品质？

从理念上看，传统的人事考核，大都是“回顾性”的，即过去一年员工工作得如何。

考核的目的也只是为了调薪、发奖、决定升迁。现代人力资源管理理念认为，考绩是一种开发、发展的方式，不仅仅是有“回顾性”，关键在于“展望性”，即要对员工将来在公司的发展，以及如何使他实现这种发展等做出决策。这就需要将考绩与指导员工改进工作，管理者制定在职辅导计划、制定个人发展计划，教育训练与薪酬、奖惩、升迁放在同等位置。

另外，考绩不仅仅是对个人的考核，还应将团队整体表现是否进步、个人在部门整体中是否有进步、个人的绩效在过去一年中是否有长足的改进等考虑进去，才会形成现代人力资源管理意义上的绩效考核。

操作不规范是不少公司的通病，表现为管理者不重视、操作随意、流于形式、公司各部门配合差等。

在现代人力资源管理中，考绩包括薪资、任用、升迁、奖惩、激励、工作改进、教育训练、在职辅导、管理提升、个人发展等内容。

在考绩方法上，值得注意的有两种情况，一种是外资公司搬用母公司的方法，另一种是内资公司沿用国有公司的老方法。

在现代人力资源管理中，考绩已形成了一整套标准化的方法，这些方法对各类公司都是适用的。但是，这些考绩方法也必须根据公司的规模、行业、发展战略、类型、员工层次、文化价值等等做出具体选择，盲目搬用国外的或沿用原国有公司的，都可能影响考绩的客观性、针对性。

（1）在拟定绩效考核方法之前应该首先了解，绩效考核的目的在于：①设计一种公平合理的方式，在一段时间内，尽量客观地衡量个别的组织成员对组织的实质贡献（或者说存在价值）。②确实让被衡量的人能够了解衡量的结果，以便依据此结果来修正自己的行为，提高对组织的实质贡献。

（2）衡量实质贡献时应注意两个重要的尺度，第一个是实际完成工作的质与量，其次是对组织的无形贡献，包括对公司的认同态度、责任感、与其他人员的配合度和相处情况，等等。

这两个尺度是不可偏废的。就衡量的方法而言，实际完成工作的质与量是比较容易精确计算的。

至于无形贡献的衡量，以利用无记名问卷的方法比较可行。但是在设计问卷时应以简单、明了及有效为准。

（3）不同阶层和不同功能的人员，衡量的内容也应该有所区别。例如：执行层次的人员和规划层次的人员就应该有不同的衡量内容，而且考核期间的长短应该适当，太长或太短都无法发挥考核的功能。

（4）我们应该了解，无论多么精密的考核方法均很难绝对公平合理，并且精确地衡量出每一位组织成员的实质贡献度。

因此，应该让每一位被衡量者，除了了解衡量结果外，并且有机会对衡量结果说出自己的看法而且得到适当的回应。

如此才能算是一套完整的考核方法，因为唯有能改变被衡量者行为的方法才能算是最好的绩效考核方法。

绩效管理的诀窍

黑熊和棕熊喜食蜂蜜，都以养蜂为生。它们各有一个蜂箱，养着同样多的蜜蜂。有一天，它们决定比赛看谁的蜜蜂产的蜜多。

黑熊想，蜜的产量取决于蜜蜂每天对花的“访问量”。于是它买来了一套昂贵的测量蜜蜂访问量的绩效管理系统。在它看来，蜜蜂所接触的花的数量就是其工作量。每过完一个季度，黑熊就公布每只蜜蜂的工作量；同时，黑熊还设立了奖项，奖励访问量最高的蜜蜂。但它从不告诉蜜蜂们它是在与棕熊比赛，它只是让它的蜜蜂比赛访问量。

棕熊与黑熊想的不一样。它认为蜜蜂能产多少蜜，关键在于它们每天采回多少花蜜——花蜜越多，酿的蜂蜜也越多。于是它直截了当告诉众蜜蜂：它在和黑熊比赛看谁产的蜜多。它花了不多的钱买了一套绩效管理系统，测量每只蜜蜂每天采回花蜜的数量和整个蜂箱每天酿出蜂蜜的数量，并把测量结果张榜公布。它也设立了一套奖励制度，重奖当月采花蜜最多的蜜蜂。如果这个月的蜂蜜总产量高于上个月，那么所有蜜蜂都受到不同程度的奖励。

一年过去了，两只熊查看比赛结果，黑熊的蜂蜜不及棕熊的一半。

黑熊的评估体系很精确，但它评估的绩效与最终的绩效并不直接相关。黑熊的蜜蜂为尽可能提高访问量，都不采太多的花蜜，因为采的花蜜越多，飞起来就越慢，每天的访问量就越少。另外，黑熊本来是为了让蜜蜂搜集更多的信息才让它们竞争，由于奖励范围太小，为搜集更多信息的竞争变成了相互封锁信息。蜜蜂之间竞争的压力太大，一只蜜蜂即使获得了很有价值的信息，比如某个地方有一片巨大的槐树林，它也不愿将此信息与其他蜜蜂分享。

而棕熊的蜜蜂则不一样，因为它不限于奖励一只蜜蜂，为了采集到更多的花蜜，蜜蜂相互合作，嗅觉灵敏、飞得快的蜜蜂负责打探哪儿的花最多最好，然后回来告诉力气大的蜜蜂一齐到那儿去采集花蜜，剩下的蜜蜂负责贮存采集回的花蜜，将其酿成蜂蜜。虽然采集花蜜多的能得到最多的奖励，但其他蜜蜂也能捞到部分好处，因此蜜蜂之间远没有到人人自危相互拆台的地步。

这就是棕熊法则带给我们的启示：企业应实行绩效管理，提高企业管理的有效性。绩效管理是一个完整的系统，在这个系统中，组织管理者和员工全部参与进来，管理者和员工通过沟通的方式，将企业的战略、管理者的职责、管理的方式和手段以及员工的绩效目标等管理的基本内容确定下来，在持续不断沟通的前提下，管理者帮助员工清除工作过程中的障碍，提供必要的支持、指导和帮助，与员工一起共同完成绩效目标，从而实现组织的远景规划和战略目标。

棕熊法则为我们指出了绩效管理中七项最基本的原则：

（1）绩效系统的建立应当是基于明确清晰的企业战略。只有明确企业的战略目标和重点，同时对各种战略概念给予清晰的定义，才能够保证处于组织不同层级的人员都有统一的认识，确立正确的工作目标。

（2）绩效管理应当自上而下完成实施。企业的目标自上而下系统分解为部门的目标和团队以及个人的目标，部门、团队和个人目标的实现有力地支撑着企业目标的实现。

（3）绩效管理应当被平衡实施，兼顾企业长期利益和短期利益，兼顾结果和过程。按照平衡计分卡的目标，在企业的不同层面绩效管理都应当全面考虑财务、客户、内部运营和学习成长四个方面的指标。

（4）绩效管理应当是客观和明确的。在制定详细周密的绩效计划的基础上，确定用来衡量某岗位工作业绩表现的结构化、量化的关键业绩指标（KPI）。

（5）绩效管理不仅仅是人力资源管理部门的工作，还是每一位经理的工作。每一位一线经理在绩效管理工作中，都要和下属员工共同商议，确定员工的主要工作目标及其效果，并给予大量的帮助和指导，以确保绩效的实现。

（6）绩效管理应当包括不同层面人员的衡量指标。从企业高层到中层，从中层到基层员工，绩效管理的关注点逐渐从财务结果转移到偏重内部运营，而衡量的指标也从结果型指标转向偏重过程型指标。

（7）绩效管理必须与薪酬激励体系和员工职业发展体系紧密联系起来。

关于管理与绩效管理，摩托罗拉有一个观点：企业＝产品＋服务，企业管理＝人力资源管理，人力资源管理＝绩效管理，可见绩效管理在摩托罗拉公司的地位是多么的重要。

摩托罗拉给绩效管理下的定义是：绩效管理是一个不断进行的沟通过程，在这个过程中员工和主管以合作伙伴的形式就下列问题达成一致：

（1）员工应该完成的工作。

（2）员工所做的工作如何为组织的目标实现作贡献。

（3）用具体的内容描述怎样才算把工作做好。

（4）员工和主管怎样才能共同努力帮助员工改进绩效。

（5）如何衡量绩效。

（6）确定影响绩效的障碍并将其克服。

摩托罗拉认为绩效管理是：

（1）一个公司总体人力资源战略的一部分。

（2）评价个人绩效的一种方式。

（3）重点放在提高员工个人综合技能提高上的一种过程。

（4）将个人绩效与公司的任务、目标相联系的一种工具。

摩托罗拉将绩效管理上升到了战略管理的高度，并给予了足够的重视，正因为如此，绩效管理才能够开展得好；摩托罗拉的绩效管理从计划到制度流程，再到具体实施，都有具体的定义和规范，保证了可操作性；同时，沟通被反复强调，没有沟通的绩效管理无法想象，没有沟通的管理也不能给我们希望。摩托罗拉在绩效管理方面的成功经验，有很多地方值得企业学习和借鉴。

事无巨细的管理会事倍功半

20世纪80年代初，李总与朋友聚会时听到这样的传闻：在智利的某大型铜矿公司资金周转不灵，濒临破产。为了尽快回笼资金，打算把已经付款订购的包括1500辆大型矿用汽车和矿山机械出售，价钱听说开得很便宜。

李总是我国在香港开设的一家大公司的总经理。他想：国内许多大型矿山和基建项目都需要工程机械和运输机械，如果买卖成功，那就为国家节约了一大笔外汇。回到公司后，他就马上打越洋电话到美国的分理处，要他们尽快查清这个消息的可靠性。过了两天，分理处就回复说消息是可靠的，不过已有四家公司在洽谈；铜矿公司要价也不高，约为设备新购时的四五成；这家铜矿公司希望是一揽子买卖，因资金筹措等问题，尚未签约！

“有些人虽然看到了机会，但却犹豫不决、裹足不前。好机会往往如过眼烟云，瞻前顾后、慢慢腾腾只能贻误战机。”李总思考了一会，再次拿起电话打到美国分理处：“尹经理，我们希望做成这笔生意，委任您为全权代表处理这桩买卖，不需要事事请示。”尹经理接受任务之后，立刻飞到南美洲去与铜矿公司谈判，并很快就达成协议，签订了买卖合同。

过了两天，原来一直在接洽的另一家公司，拿着支票也准备做成这笔买卖。“噢，对不起。前天尹经理已经和我们签了约，您可是第一家来洽谈的公司呀!”这家公司的代表真正是有口难言，这样一宗涉及款项较大的生意，他没有任何决定权，在请示汇报中，眼睁睁地把这块肥肉给放跑了。

赋予下属的责任越大，也正说明他的能力越大。放手给他一些权力，往往会给企业带来意想不到的惊喜。反之，有能力、有上进心的下属，有时候反而因为得不到与能力相匹配的权力，贻误商机，甚至影响一个人才的培养。

广东贸易中心大楼是早期“广交会”的旧址，曾是中国连通世界的“金桥”。占地 11 万平方米，建筑面积 44 万平方米，楼高 10 层；地处海珠广场西侧，交通便利，周边是商业旺地，不少人看好它的升值潜力。

因为种种说不清的原因，它被拍卖了。在拍卖当天，大厅里人头涌动，好不热闹。当拍卖价升到 3.8 亿元时，多数竞拍者放下牌子不再应举；只有 18 号小姐和 28 号男士在一较高下。

拍卖师宣布每次举牌加价 100 万，那位丽人不时用手绢擦拭额上的汗，对着手机轻轻地说了几句。男士倒是气定神闲，总是在 18 号举牌不久就再次举牌。“三亿八千九百万！第一次。”那位小姐对着手机咕噜了几句，再没有应声了。“第二次。”整个大厅静得连苍蝇飞过也能听见，男士环视全场，随时准备应战。丽人把眼睛轻轻地闭上。“第三次。”拍卖师故意拖长了声音，看没有没奇迹发生。“成交!”随着槌声落地，大厅里掌声雷动，闪光灯闪烁不停。事后，那位举 18 号牌的小姐懊悔地说：“都怪我，把老板在电话里说的‘不要怕’听成了‘不要拍’，让这个好机会丢了。”

古语云：“将在外，君命有所不受。”说的是将帅在外可以对某些事情自己定夺，不必接受君王的命令，也即拥有相对独立的决策权。

管理者只有授予下属必要的权力，放手让他们处理商务，才能在瞬息万变的商海竞争中赢取时间和成功。事例中的一成一败便充分说明了这一点。

授予下属必要的权力，有助于培养下属的自信心，而且可以充分激发他们的潜能，提高他们解决实际问题的能力。事无巨细、事必躬亲表面上看管理有效，实则往往事倍功半、得不偿失。

事必躬亲导致的结果：①效率低下。②下属失去工作积极性。因此必须通过合理授权，使下属有充分发挥自己能力的平台。在必要的指导和监督下，用人不疑、疑人不用，赋予下属相应的权利，鼓励其独立完成工作。

疏者密之，密者疏之

有两只困倦至极的刺猬，由于寒冷而拥在一起，可因为各自身上都长着刺，刺得对方怎么也睡不舒服。于是，它们离开了一段距离，但又冷得受不了，于是又凑到一起。几经折腾，两只刺猬终于找到了一个合适的距离，既能互相获得对方的体温又不致被扎伤。这就是形象而又闻名的“刺猬法则”。“刺猬法则”就是人际交往中的“心理距离效应”。

人与人之间相处也要讲究距离，距离太近或太远都不适合彼此间的交往。管理者和员工交往时更要掌握好适度的距离，因为这对于企业的发展十分重要。

那么，企业管理者和员工之间适度的距离以什么为标准呢？只要符合企业的客观实际，利于企业各层之间的沟通和合作，就是合适的距离。真正的适度就是符合企业的客观发展规律，如果无视企业自身的客观实际，一味地追求“适度”甚至“最佳”，只能导致企业内部的各种人际关系流于形式，这样一来反而不利于企业内部人员之间的精诚合作，管理者也就无法实现预期的管理目标。

斯通是通用电气公司前任总裁，他自上任以来就一直努力在通用内部培养一种“大家庭感情”的企业文化，公司领导和员工都要对该企业文化身体力行。从公司的最高领导到各级领导都实行“门户开放”政策，欢迎本公司员工随时进入他们的办公室反映情况，对于员工的来信来访能积极妥善处理。

通用电气公司规定，公司的最高首脑与全体员工每年至少举办一次生动活泼的“自由讨论”。通用公司像一个和睦奋进的大家庭，从上到下直呼其名，无尊卑之分，互相尊重，彼此信赖，人与人之间关系融洽、亲切。

斯通也主张“人际关系应保持适度的距离”，他对“适度距离”身体力行，率先垂范，密者疏之，疏者密之。斯通自知与公司高层管理人员工作接触较多，在工余时间就有意拉大距离，从不邀公司同僚到家做客，也从不接受邀请。相反，对普通工人、出纳员和推销员，他主动亲近，微笑问候，甚至偶尔“家访”。

1980 年 1 月，在美国旧金山一家医院里的一间隔离病房外面，一位身体硬朗、步履生风、声若洪钟的老人，正在与护士死磨硬缠地要探望一名因痢疾住院治疗的女士。但是，护士却严守规章制度毫不退让。

这位护士真是“有眼不识泰山”，她怎么也不会想到，这位衣着朴素的老者，竟是通用电气公司总裁，一位曾被世界电气业权威杂志——美国《电信》月刊选为“世界最佳经营家”的世界企业巨子斯通先生。护士也根本无从知晓，斯通探望的女士，并非他的家人，而是加利福尼亚州销售员哈桑的妻子。

哈桑后来知道了这件事，感激不已，每天工作达 16 小时，为的是以此报答斯通的关怀，加州的销售业绩一度在全美各地区评比中名列前茅。正是这种适度距离的管理，使得通用电气公司事业蒸蒸日上。

通用电气公司的“大家庭式管理”方式的运用大大拉近了管理者与下属及员工之间的心理距离，增进了彼此之间的感情，也大大提升了企业的凝聚力和向心力，从而使企业获得了更强的竞争优势。

许多世界知名企业都提倡“近距离管理”，并且还把这种方式成功运用到了管理当中。麦当劳的“走动式管理”就是其中的典型。

美国麦当劳快餐店创始人雷·克罗克，是美国有影响的大企业家之一，他不喜欢整天坐在办公室里，大部分时间都用在“走动式”管理上，即到所属各公司、各部门走走、看看、听听、问问。公司曾有一段时间面临严重亏损的危机，克罗克发现其中一个重要原因是，公司各职能部门的经理官僚主义严重，习惯靠在舒适的椅背上指手画脚，把许多宝贵的时间耗费在抽烟和闲聊上。于是克罗克想出一个“奇招”，要求将所有经理的椅子靠背锯掉，经理们只得照办。开始很多人骂克罗克是个疯子，不久大家悟出了他的一番“苦心”，纷纷走出办公室，开展“走动式”管理，及时了解情况，现场解决问题，终于使公司扭亏为盈，有力地促进了公司的生存和发展。

目前这种管理方式已经在全球流行，其主要特点是企业管理者或主管体察民意，了解实情，在工作上与员工打成一片，在生活中与员工保持一定距离。这种管理风格，已显示其不可替代的优越性。

优秀的企业管理者要常到职位比其低几层的员工中去体察民意，了解实情。多听一些“不对”，而不是只听“好”的。不仅要关心员工的工作，叫得出他们的名字，而且关心他们的衣食住行。这样，员工觉得主管重视他们，工作自然十分卖力。企业有了员工的支持和努力，自然就会昌盛。

“走动式管理”是一种十分有效的管理方式，它洋溢着浓厚的人情味。其内容外延广泛，内涵丰富，富于应变性、创造性，以因人因地因时制宜取胜。实践证明，高技术企业竞争激烈，风险大，更需要这种“近距离”管理。它是医治企业官僚主义顽症的“良药”，也是减少内耗、理顺人际关系的“润滑剂”。

企业的组织机构是一个层级关系分明的“金字塔”，在日常管理行为中，客观上存在着一定的“距离效应”，能否把握最佳的人际距离、处理好各级人员之间的关系，直接影响着管理力度等管理效能的发挥。因此企业管理者应善于调节好与下属的距离，约束和控制管理者自身的行为，正确处理与员工的关系，发挥最佳管理效能。

不要侵入他人“领地”

人最基本的领土意识就是对家庭的保护。谁若未经同意闯入他人家里，轻者遭责骂，重者恐怕要遭一顿追打。不过会犯这种错误的人不多，倒是很多人在办公室内忽略了这点。

在办公室里侵犯别人“领土范围”的方式有：未经同意就坐在同事的桌子或椅子上，坐在管理者的办公室里，以及到其他的部门聊天等等。

你不要以为这没什么，事实上，你的举动已经侵犯到了别人的“领土”，使对方感到不快。所以，别人工作的地方，不是必要时，请不要随便靠近。

不要没事就到别的部门去聊天，因为这会对那个部门的管理者造成一种“侵犯领土”的不安全感，就算你是纯属聊天也不行，因为在他的部门里，他是唯一的权力象征，你无缘无故地出现，就好像要与他争夺权力似的。当然，谈公事时例外，但应只限于管理者和管理者之间的接触，不要随意去接触他的下属。

如果你下面有几个部门，你也要尊重这些部门中的小管理者，不要以为你是大管理者，就可以没事时到其他部门去聊天，除非那个部门的管理者也在现场；偶尔为之无妨，长期如此，那么小管理者心里就会不舒服了。进而为今后工作的顺利进行埋下种种弊端，这样一种“越组代庖”的管理方式，干预了正常的上下级关系，插手别人的工作流程，影响别人的工作方式，实际上就是一种“越权”。

擅长“越权”的管理者，总是过分欣赏自己的才干，并为“越权”的结果备感欣慰。认为虽然自己辛苦一些，但事情办得快，办得好，不耽误事。然而，他没有看到“越权”的危害。“越权”的危害集中表现在以下几个方面。

1. 有害于工作的正常秩序

每一个工作程序都有自己合理的流程和安排，它们有规律的运行，这是一种系统工程。如果管理者对下级“越权”，对工作横加干预，或有意无意地过问、插手、表态，这就打乱了下级的正常工作秩序，使下属无所适从。

2. 有害于调动下属的积极性

“越权”行为，从另一方面显示了你作为管理者对下属的不信任，使员工形成惰性思维，认为什么事情都有你出头，由你的意愿去指挥工作的进度和规律。这样，下属就没有什么积极性、主动性、创造性可言了。影响下属积极性，同时也就影响了人才的锻炼和成长。

3. 有害于团结

对下“越权”，使下属有职无权，下级会产生“上级领导对自己不信任，不重用”的疑虑，伤害了下属的自尊心；群众也会产生反感的抱怨情绪，使下属产生消极的工作情绪，从而使被管理者加深了与上级领导的隔阂。如果是下级对上级“越权”，也会有目无尊长、不自量力之嫌，这也是影响工作和团结的因素。所以说，“越权”行为是令人反感同时又破坏团结的。

那么，管理者如何防止“越权”呢？

1. 明确职责范围

权力是适应职务、责任而来的。职务，是管理者一定的职位和由此产生的职能；责任，是行使权力所需要承担的后果。有多么大的职务，就有多么大的权力，就承担多么大的责任。职、权、责一致是管理工作的一个重要原则。“有职无权”，是被人“越权”；“有权无职”，是侵越了别人的权力。“越权”是“有权无责”，被“越权”是“有责无权”。因此，只有职、权、责相统一，真正克服上述现象，才能防止“越权”现象。这就必须明确职责范围。

2. 进行一级抓一级的教育

除了对下属明确职、权、责的范围外，还要对下属进行分级管理原则的教育。在一般的管理模式中，分级管理就是分层管理。任何事物都作为一个系统而存在，都有层次结构，它的发展变化都是有规律的，系统之间能否有效地运转，是由层次性决定的，同一层次的诸系统的联系，须由各级系统之间自主地进行。只有在发生障碍，产生矛盾，出现不协调时，才提交上一层次的系统解决。这是分级管理的理论依据。

下属根据这一原则，要认真地做好本层级的工作，对上级领导负责，执行上级的指示，接受上级的指导和监督，经常主动地请示汇报工作，积极完成上级领导交给的一切任务。

对下属的“越权”，尤其是对有意的“越权”，应提高到目无组织、目无领导，闹分散主义、本位主义和闹独立性的一种表现的高度来认识。这样，下属对自己的“越权”才会引起警觉。

3. 上级为下属排忧解难

管理者在作出决策之后，在给下级部署任务、提出要求的同时，要深入基层，为下属完成任务创造必要的条件。上级要为下属服务，支持、鼓励、指导、帮助下属，关心、爱护下属，为下属排忧解难，及时解决他们工作中难以解决及不协调的问题。这样，也可以防止或减少下属由于来不及请示而出现的“越权”现象。如果不深入下属，不接近群众，高高在上，门难进、脸难看、事难商量，就会助长下属“先斩后奏”、“干了再说”的“越权”行为。

管理者要掌握纠正“越权”的方法与艺术。一经发生下属“越权”现象，要积极慎重地根据不同情况。采取不同方法加以纠正。

1. 功过分开谈论

对下属“越权”，不能一概而言，笼统而又不分青红皂白。有的下级“越权”，是为了响应上级的号召。这是和他有较强的事业心、责任感，工作有积极性、主动性等优点相联系的。和他越权的行为相比，这种“越权”的精神反而显得是难能可贵的。现代企业中的很多员工，抱着“息事宁人”的处理哲学，得过且过，分内的事都不去干，有何劲头去“越权”？

对于处于有利动机的“越权”的下级，应该先表扬后批评，肯定其有利的一面，同时指出“越权”的危害，以“越权”的具体行为，指出不“越权”而又把事情完成好的办法。这样，下属才能为管理者的公正、体贴、实事求是所感动，才能在以后的工作中扬长避短。

2. 维持现状，因势利导

管理者对下属“越权”产生的影响以及可能带来的影响，也要作具体研究。有时，下属“越权”的行为以及带来的影响，可能和主管领导的思路、决策大相径庭，有的地方可能做得更漂亮，甚至超出了自己的决策。这样自然要维持下去。即使是这样，也要下不为例。有时下属“越权”行为与管理者的正确决策有一定差距，在一定程度上，有某些损失，但仍是正面效应，无损大局。这样的情况也要维持现状，继续下去。在进行过程中，要尊重下属的思想，循循善诱，晓之以理，动之以情。使其向好的方向发展。

3. 纠正错误，亡羊补牢

下级“越权”，有时本身可能从酝酿的那一刻起，就是错误的思想。已经产生了不好的效应或将要产生。这时，管理者就要根据情况予以补救，“亡羊补牢”，力争把损失减少到最低限度，并教育下属明白其中的利害关系，避免类似情况的发生。

管理者不要超越自己的权限。这主要指两个方面的权限：①不要对不是自己的下属下命令。每个员工都有自己的直接上级，你如果不是他的直接上级，就不应该直接给他下命令。如果你确实需要该员工做一些工作，可以去找他的直接上级，通过直接上级来给他下命令。②不要对部门职责以外的事情下命令。每个部门都有自己的工作职责，你不应该命令自己的下属去做其他部门职责中的事情。逾越了这个界限，会给公司的整个管理造成混乱，甚至会出现部门与部门之间、下属与上级之间的矛盾冲突。

给予更多的选择权

霍布森是一个做马匹生意的商人。他承诺：买或是租我的马，只要给一个相同的低价格，可以随意选。其实这是一个圈套。他把马圈只留一个小门，大马、肥马、好马根本就出不去，出去的都是些小马、瘦马、赖马。霍布森只允许人们在马圈的出口处选。显然，加上这个条件实际上就等于不让挑选。大家挑来挑去，自以为完成了满意的选择，最后的结果可想而知——只是一个低级的决策结果，其实质是小选择、假选择、形式主义的选择。人们自以为作了选择，而实际上思维和选择的空间是很小的。有了这种思维的自我僵化，当然不会有创新，所以它是一个陷阱。对这种没有选择余地的所谓“选择”，后人讥讽为“霍布森选择效应”。

社会心理学家指出：如果陷入“霍布森选择效应”的困境，就不可能进行创造性的管理和工作。道理很简单：好与坏、优与劣，都是在对比选择中产生的，只有拟订出一定数量和质量的方案供对比选择、判断才有可能做到合理。因此，没有选择余地的“选择”，就等于无法判断，就等于扼杀创造。

思维的空间大一些，管理者就会有更大的选择余地，从而突破诸多“霍布森选择”的限制。

比如致富决策，不只是有“愚公移山”一种方法、一种精神，可以有更多的思路和出路。有很多山区的人并没有移山，而是移人，把自己移走了，到全国和世界各地去挣钱、去发展；也有的既不移山也不移人，而是把山外的人们吸引来游山玩水，让人把钱送进山里来。

再比如搞改革开放，不仅仅是请进来，还应该走出去。据某报载，有位村支部书记包机送村民千里迢迢去新疆做生意，利用季节差价销售农产品，赚了很多钱。这就是打开思维空间的好处。还有一个沿海县级市，当地水咸地碱，过去围海造田吃不上饭，后来渔民们养虾养鱼赚了钱，农民们则种植适宜盐碱地生长的冬枣和苜蓿也发了家。可见，符合实际的选择不仅有一种，就看你是否能打开思维的空间去发现。

这样的例子有很多，但道理只有一个：好的选择都是在限制中逼出来的，就看你愿不愿意换脑筋。换一种想法，多一条思路，正确的决策就找到了。

对于管理者而言，要探寻实现领导目标的新规律、新方法、新举措，离不开领导实践基础上的思维创新；而要实现思维创新，前提是把自己的思维定位于新的深度、广度、高度和速度。作为一个优秀的管理者，应具有以下几方面的特质：

（1）发扬民主。就是广泛听取下属的意见，发挥群众的创造性。但是，在现实中，在对重大问题进行决策时，往往是下属们还没有开口，或者虽然提出了意见，但还没来得及进行充分研究讨论，管理者自己就定调拍板了，这就陷入了“霍布森选择”的陷阱。

（2）适当放权。任何一位管理者，都不可能事无巨细、事必躬亲。但是有的管理者在给下属布置工作时，并不是放心地让下属去干，而是要求下属应该如何去做，如果发现下属在具体工作中稍有一点自己的想法，没有完全按照他的思路去做，就很不高兴，甚至“不换脑筋就换人”。

（3）具备较强的组织能力。就是能够把各种生产要素有机地组合在一起，减少外部的摩擦以及内部的消耗，从而使整个机构相互融合产生高效率。

放手让下属自己去干

每个人的精力是有限的，我们不可能一个人做好所有的事情。因此，作为一个企业管理者必须学会把权力授予适当的人。授权的真正手段是要能够给人以责任、赋予权力，并要保证有一个良好的报告反馈系统。美国前总统里根是一个很出名的放任主义者，他只关注最重要的事情，将其他的事情交给手下得力的人去负责，由此，自己可以经常去打球、度假，但并不妨碍他成为美国历史上最伟大的总统之一。

人才是成就一番事业的关键，无论到什么时候，人才都是立业之本，这道理知易而行难。有了人，善用人，企业就会得到一切；没有人，不善用人，企业就会失去一切。关键在于你怎样用人，怎样看待这个问题，总而言之就是在信任的基础上，放手让下属自己去干。

在 1932 年奥运会上最有意思的事情发生在 5000 米的竞赛中。在本届比赛之前，除了约瑟·吉尔蒙特在 1920 年奥运会 5000 米的决赛中令人吃惊地击败帕沃·努尔米以外，5000 米和 10000 米的赛跑项目一直被芬兰人垄断着。尽管努尔米在 1932 年被排除在外，但芬兰人也派出了足以胜任的后继者劳利·坦恩和 5000 米竞赛的世界纪录保持者劳利·沃坦恩。因此，这场奥运会的决赛成为一个令人回忆的场景：在窄窄的跑道上，两个劳利与一个希尔——美国的俄勒冈州、绰号为长腿的拉尔夫·希尔的抗争。

希尔从边上跑到了前面，但当他们两人开始施加威力时，希尔被追上了。希尔似乎比较乐观地一直跟在后面，直到还剩下 10 圈的时候，他跑到了第六名，继续保持着他稳定的步伐。当还剩下 4 圈的时候，他在坦恩和沃坦恩后面，排列第三。两圈后，又超过了沃坦恩，并超越他32米。现在只剩下一个芬兰人了，比赛成为坦恩与希尔的直接对抗。在倒数第二圈的时候，坦恩不顾一切地想甩掉穷追不舍的希尔，但终究没有成功。在最后一圈铃声响时，这个美国人仍像个包袱一样坠在他后面，而沃坦恩则在离他64米之后，位于第三。为甩掉这个折磨者，坦恩在最后一圈的转弯处加速，但希尔也做出了同样的反应。为了节省自己的力气，这个芬兰人放松了脚步，准备在最后一个转弯处再加速冲刺。从后面追上来的希尔，紧贴着跑道的内侧，大步跑着。到最后的45米时，希尔从外侧开始加速时，观众们站起来期待着结果。当希尔的影子隐现在他的右侧时，坦恩改上了第二跑道。当希尔再一次想从右侧超过时，坦恩又一次采用了"之"字形战术，并用眼睛瞄着他的对手，跑到了第三跑道上。

到目前为止，喧闹声已平息了下来。观众们喊叫着给希尔加油，同时，让这个芬兰人躲开。离终点线还有14米时，希尔从内侧开始挑战，坦恩突然转回到第二跑道。《田径新闻报》的通讯员记载了下面的情景："坦恩又一次转向了他的目标，还没等他拉开距离时，希尔，我们可以用一句比喻的话说，'已经一脚在门里'。坦恩不能在第一跑道里完全甩掉希尔，美中不足的是，就在这关键时刻，终点线松了，两个人同时猛力向前冲刺，这个芬兰人先绊到了线，一个相差不到一步的获胜者。"

坦恩以14分30秒的成绩获得一块金牌，并创造了新的世界纪录，但失去了声誉。他被指控没有运动道德。但在经过一个多小时的深思熟虑后，裁判们判定这个芬兰人不是有意地在干扰希尔。国际非职业运动委员会以一种模棱两可的陈述宣布："尽管美国非职业运动委员会认为这次比赛欠公正，但我们没有收到来自希尔先生或美国官方的正式抗议。"

希尔显得十分大度，他告诉记者说："我不认为那个劳利是有意阻止我冲刺。他回过头来看我在哪儿，我以我的经验可以断定，当一个筋疲力尽的人这样做时，他就失去了方向感。坦恩确实阻碍了我，但我认为，他还落下我很多，不管怎样，他本来也可能胜出。我不打算抗议，因为我相信，坦恩仅仅是在盲目地奔跑，我也是如此。"

竞争，是奥运会上的主旋律，公平、友谊，也是我们尊崇奥运的重大理由。我们中国人最讲究的就是信，通过不光彩的手段来取得胜利，即使拥有了天下，同时也失去了民心。看看周围的成功人士，他们的为人之道第一大要素就是取得“信”字。

同样，奥运精神也适合管理者，管理者的关键在于用人。在很大程度上，管理者的科学性在于用人的科学性，管理者的艺术就是用人的艺术。在用人用智方面，能够用人之脑的，能够合成众人之智的，才算是最高明的管理者。睿智的管理者本身并不需要十项全能，但必须学会如何整合众人的智能以为己用。

但现实中，也有一些单位的管理者干劲十足，精力充沛，处事明快，每天忙得不亦乐乎，但他们总是大事小事一把抓，事必躬亲，即使让下属自己做一些小事，也不放心，处处过问。这只能说明管理者对下属极度的不信任，不敢放手让下属自己做事。这样的话，不仅窒息了下属的活力，自己也孤掌难鸣，事倍功半，不会有好的企业业绩。

把一些重要的事情交给下属去做，体现他们的能力和重要性，这一举动恰恰表现你对下属的信任，其他任何的方式，都不如这种领导方式来得直接、有效。并且管理者也能有精力和时间去处理更重要的事，何乐而不为呢？

与下属推心置腹，千万不能只把这句话放在口头上，而是要放到行动中。要把这句话牢记于心，并时时处处体现在行动之中，这才是一个管理者真正的高明之举。否则，口头上对下属如何信任，而实际上却对他们百般的猜疑，那样只能是“搬起石头砸自己的脚”。

作为一个有责任心的管理者，用人一定要有一贯性，即使在下属出现失误时，也要敢于用人不疑，放手让他们自己去干。

有的管理者在下属出错时，表面一套，背后一套，明着去同情你、帮助你，表现出他如何的仁义、大度，暗地里却怀疑你，出卖你，这种管理虽能欺骗一时，但最终必会被下属识破，露出自己卑鄙的嘴脸。朋友之间相处，讲究“患难朋友才是真正的朋友”。管理者与下属之间相处，一个重要的原则也是这样，赞美下属的忠诚，在他处于逆境时特别要敢于信任他，把援助之手伸向他。只有这样，才能体现出管理者的高明之处。

作为一名管理者，应将部下放到最能发挥作用的岗位上去施展才干，以实现岗位所需和人才所长的最佳结合。同时，对一些从事某项工作有难度的员工，要多进行鼓励，使其在新的挑战和压力下，重新认识自己、调整自己和发挥自己，不断给他们搭建一个能真正发挥自己潜能、施展自己才干的新“舞台”，为他们创造一个想拼搏的环境与空间，让全体下属从思想到行动能时时感悟到有干头，从而焕发更大的工作热情。

最成功的管理者是那些把工作放手让下属去做的人，是把下属培养为管理者的人，是把管理者变为变革者的人。

六、培养人才才是管理的关键

看过电影《天下无贼》的人一定记得这句话：21 世纪什么最贵？——人才。的确，随着传统的资源密集型产业日益向着知识密集型产业和技术密集型产业转轨，作为知识和技术主要载体的人才，也日益成为企业兴衰的决定因素。

企业发展战略规划的制定，组织管理效能的提高，技术水平的进步和创新，企业经营策略的制定、实施、调整，以及企业文化的建立和完善，等等，哪一样都离不开优秀的人才。如果把企业比作一棵树，人才就是这棵树的根基和枝干，没有人才的滋养和支撑，企业这棵树不仅不能直插云天傲视丛林，还有可能干枯而死。

人才的搜罗、培养和任用，是每一个管理者必备的才能。须知，再优秀、再精力充沛的管理者也不可能事必躬亲，活跃在各条战线、承担着各项工作的各种类型的人才，就成为管理者赖以安身立命的根基和法宝。

最合适人选，即是最佳人选

人才是立国之本，具有重要的战略地位。历史上由于知人善任，而拥有一支雄厚的人才队伍，使事业从无到有，从弱到强，不断发展壮大起来的不乏其人。比较典型的应该算刘邦了。刘邦出身于普通百姓，毫无政治背景，势单力孤，可就是因为他善于识人用人，任用了张良、韩信、萧何等一批文武人才，最后夺取了天下，建立了西汉二百多年江山。由此可以看出人才的重要性。相反，出身于贵族官宦之家的项羽，靠关山坚固、势力雄厚，但可惜他不会用人，最后只好演出了一场霸王别姬的悲剧。

“韦尔奇原则”说的正是人才的重要性。杰克·韦尔奇——原通用电气公司的首席执行官，被誉为全球第一 CEO。他在业界之所以声誉显赫，是因为他能生产“人才”。“韦尔奇原则”是他一生用人、培养人实践的总结。这一原则可以概括为：让合适的人做合适的事，远比开发一项新战略更重要。这个宗旨适合于任何一个企业。即使你的企业有世界上最好的策略，但是如果没有合适的人去发展、实现它，这些策略恐怕只能光开花，不结果。

与很多 CEO 不同，杰克·韦尔奇把 50% 以上的工作时间花在人事上，他的最大成就就是不断地关心和培养人才。韦尔奇认为，挑选最好的人才是领导者最重要的职责。他说：“我们所能做的是把赌注压在所选择的人身上。因此，我的全部工作就是选择适当的人。”所有这些，都可以包含在“韦尔奇原则”中，对我们有着巨大的参考价值。

国内外很多知名企业都在量才施用上做出了表率。例如，联想集团

"用的人才都是适合联想的，但并不一定都是最优秀、最好的人才"。北京双鹤药业"敢于起用新人，不求最好，只要能胜任工作，合适的就提升"。日本东芝株式会社致力于推行"适才所用"的用人路线，在企业内部实行"内部招聘"，让员工自己申报最能发挥自己专长的职位，公司以最大的努力实现员工的要求，使员工各得其所。松下公司也很注重招募适用的人才，他们在雇用人员的时候，以适用公司的程度为好，认为程度过高不见得一定有用。

"适当"这两个字很重要，适当的公司，适当的企业，招募适当的人才，程度过高，不见得就合用，只要人品好、肯苦干，技术和经验是可以学到的，即所谓劳动成果 = 能力 × 热忱（干劲）。在这样的企业里，人才能得到充分的尊重和认同，大家都在向"最好"努力，这样的企业能不欣欣向荣吗？

公司用人的四点忠告：

（1）"活力曲线"。一个组织中，必有 20% 的人是最好的，70% 的人是中间状态的，10% 的人是最差的。这是一个动态的曲线，作为一名合格的领导者，必须随时掌握那 20% 和 10% 里边的人的姓名和职位，了解他们的工作状态，以便作出准确的奖惩。

（2）因才施用。即把最合适的人放在最合适的岗位。按照能力的大小给予相应的职能权力，使他们充分发挥自己的才干。如果违背这一法则，就是将一个障碍物放在企业成功的道路上。

（3）引入竞争机制。只有在竞争的环境中人才的潜力才会被激发出来，企业才会有不断地创新，才能拥有持久的竞争力。

（4）内部流动，合理安排。建立良性互动的内部人才流动机制，允许员工内部"跳槽"、申请调换岗位，择优重新录用，使员工都能得到合理的安排。

慧眼识英才是真本事

传说中，天上管理马匹的神仙叫伯乐。在人间，人们把精于鉴别马匹优劣的人，也称为伯乐。

第一个被称作伯乐的人本名孙阳，他是春秋时期的人。由于他对马的研究非常出色，人们便忘记了他本来的名字，干脆称他为伯乐，一直延续到现在。一次，伯乐受楚王的委托，购买能日行千里的骏马。伯乐向楚王说明，千里马少有，找起来不容易，需要到各地巡访，请楚王不必着急，他尽力将事情办好。

伯乐跑了好几个国家，连素以盛产名马的燕赵一带，都仔细寻访，辛苦备至，可还是没发现中意的良马。一天，伯乐从齐国返回，在路上看到一匹马拉着盐车，很吃力地在陡坡上行进。马累得呼呼喘气，每迈一步都十分艰难。伯乐对马向来亲近，不由走到跟前。马见伯乐走近，突然昂起头来瞪大眼睛，大声嘶鸣，好像要对伯乐倾诉什么。伯乐立即从声音中判断出，这是一匹难得的骏马。

伯乐对驾车的人说："这匹马在疆场上驰骋，任何马都比不过它，但用来拉车，它却不如普通的马。你还是把它卖给我吧。"驾车人认为伯乐是个大傻瓜，他觉得这匹马太普通了，拉车没气力，吃得太多，骨瘦如柴，所以毫不犹豫地就同意了。伯乐牵走千里马，直奔楚国。伯乐牵马来到楚王宫，拍拍马的脖颈说："我给你找到了好主人。"千里马像明白伯乐的意思，抬起前蹄把地面震得咯咯作响，引颈长嘶，声音洪亮。楚王听到马嘶声，走出宫外。伯乐指着马说："大王，我把千里马给您带来了，请仔细观看。”楚王一见伯乐牵的马瘦得不成样子，认为伯乐愚弄他，有点不高兴，说：“我相信你会看马，才让你买马，可你买的是什么马呀，这马连走路都很困难，能上战场吗?”伯乐说：“这确实是匹千里马，不过拉了一段车，又喂养不精心，所以看起来很瘦。只要精心喂养，不出半个月，一定会恢复体力。”楚王听后，有点将信将疑，便命马夫尽心尽力把马喂好，果然，马变成精壮神骏。楚王跨马扬鞭，但觉两耳生风，喘息的工夫，已跑出百里之外。

后来，千里马为楚王驰骋沙场立下不少功劳。楚王对伯乐更加敬重了。

“贝尔效应”讲述的正是甘为伯乐、挖掘人才的道理。贝尔是英国学者，他天赋极高。有人估计过他毕业后若研究晶体和生物化学，定会赢得多次诺贝尔奖。但他却心甘情愿地走了另一条道路——把一个个开拓性的课题提出来，指引别人登上了科学高峰，此举被称为“贝尔效应”。

这一效应要求领导者具有伯乐精神、人梯精神、绿叶精神。在人才培养中，要以国家和民族的大业为重，以单位和集体为先，慧眼识才，放手用才，敢于提拔任用能力比自己强的人，积极为有才干的下属创造脱颖而出的机会。

2001 年，丁磊和网易内忧外患。在内部 CEO 和 COO 相继离职，在外部，由于不熟悉美国证券规则，误报 2000 年收入而惨遭停牌危机。

该年 9 月，丁磊辞去网易首席执行官职务，改任首席技术执行官。一度被人讥讽为“高科技农民企业家”的丁磊，转而司职网易首席架构设计师，对此，丁磊作了这样的解释：“一个人应该在他自己擅长的职位上工作，而我最擅长的是技术。”他认为技术研究开发是学问，管理与资本运作同样是学问，两者兼顾，明显感到力不从心，尤其是在网易发展的关键时刻。“一个人造了一艘船，并不一定非要让他去当船长。这个时代，有专长，有天才，但不存在全才。”

不做 CEO，改做 CTO 的，有比尔·盖茨，有杨致远，当初丁磊以技术起家，再回归到技术研发中，这个过程令人感到很自然。丁磊称，从 CEO 到 CTO，就是他重新定位自己的过程。

对于管理者而言，敢于用人，不再孜孜不倦于事务性经营活动，或者觥筹交错于交际场上，会腾出更多的精力去甄别人才，发现人才，任用人才。尤其那些能从草莽之中萃取人才，从闾巷之中发现人才，识人之于未识之际的人，则更为可敬。

在实际工作中如何应用“贝尔效应”呢？

（1）给下属成长的机会。虽然一个称职的管理者必须是一个“万事通”，但一个能力很强的管理者并不一定能管理好一家企业，有些管理者做事，喜欢大小权力一把抓，大小事情统统自己动手，整天忙得像只无头苍蝇，而员工只能当他的助手，起不到任何作用。

（2）信任员工。即使员工做得不尽如人意，管理者都要相信他努力了，然后鼓励他，让他充满自信地投入到工作中。人不是生下来就会做事的，做任何事情的能力和技巧都是学来的，在学习的过程中犯点错误在所难免。

（3）培植有潜力的员工，并委以重任。尤其是在产品品种开发和营销方面的工作应该让他做主。当然，把一项重要的工作授权给某个员工后，当业务遇到难题，员工解决不了时，管理者仍须亲自出面帮助员工解决问题。

注重继承者的培养和选择

生活中，无论是工作、交友，乃至择偶，都会碰到识才识人的问题。能够别具慧眼，观察入微，自可寻得千里马，觅得如意郎。文喜禅师于五台山不识文殊菩萨、梁武帝不识达摩祖师，都是由于不识人，而错失请法的善因缘。所以，懂得识人很重要；能够识人，就有助缘。

2001 年 4 月，美国通用电气公司第 8 任董事长兼 CEO 杰克·韦尔奇在其任职 20 周年之际宣布从其岗位引退。2001 年 7 月，GE 公司董事会一致通过 44 岁的杰弗里·R·伊梅尔特（时任 GE 医疗系统集团总裁）为通用电气第 9 任董事长兼 CEO。美国社会上下对 GE 接班人关注的程度，甚至不亚于美国的总统选举。这是因为：GE 是全球最大的商业公司；韦尔奇是全球最著名的 CEO。

韦尔奇没有忘记自己最后的一项重要工作：挑选一个能够超越自己的接班人。为此，通用电气用时 6 年 5 个月零 2 天，董事们花了数千小时展开漫长而复杂的挑选。最初的原则似乎只有一条：继任者一定要在公司内部挑选出来。这既让董事会对该人选有充分的考察及了解，也能保证一旦当选，新 CEO 对公司高度的熟悉，能够立刻判断公司改变的余地在哪里。

韦尔奇把选择、培养继任者的工作当做自己职业生涯中最为重要的一件事。至少有一年的时间，这是他每天早上思考的第一件事，也是每天晚上占据他整个思维的事情。按规定，韦尔奇在 65 岁退休，而在 1994 年当他 58 岁离退休还有 7 年时，就开始着手继任者的选择培养工作，他对人力资源部高级副总裁比尔·康纳蒂说：“你和我将要长期关注的一件事就是为这个职位找到最合适的人选。”他深刻认识到，这个赌注关系的是 GE 未来 5 年、10 年，甚至 20 年的新发展。

当问及他对继任者有何期待及要求时，韦尔奇说，虽然他不能事先告知谁将入选，但他知道他会挑选何种类型的人：

我希望这个人精力充沛，能激励别人，为他们制定目标，他喜欢变化而且不会为之吓倒。我希望这个人在任何地方都能保持坦然的态度。我的意思是说，这个人要真的坦然地和各种人打交道。我不知道世界将变成怎样，我所知道的是它将不会像今天这样。它会运转得更快，信息将无处不在。我已经看到，我们的工作已经比过去加快 3 倍。

在 1994 年，由董事会管理、发展和酬薪委员会敲定了最初的 24 名人选，按照“现成人选”、“有力竞争者”和“范围较宽的人选”分为三组——伊梅尔特和他最后的两名竞争对象均在最后一组。随后就是漫长的考验过程，除了每个人每阶段的业绩，还有他在各个场合表现出的能力。人选们或被淘汰出局，或在此期间跳槽。

直到最后确定了三名人选，韦尔奇仍不着急做最终决定，而是让三人都离开自己的岗位，并在随后的半年内培养出自己的接班人，完成工作交接。这是最终的考核：不能成功选拔自己接班人的人，是不能担任通用电气的 CEO 的。

如对杰夫·伊梅尔特的考验和锻炼，原先是由他负责塑料业务，接着让他尝到了电器工业残酷竞争的味道，后来又安排他作为主管医疗器械系统的 CEO。经过这样一番岗位轮换，他熟悉了通用公司的三大系统，这就为他接替韦尔奇的职务打下了坚实的基础。为了跟踪候选者的发展情况，通用公司董事会在每年的 6 月和 12 月各举行了一次对继任者的评估会，韦尔奇自己在每年的 2 月还要做一次实地评估。候选人收缩为 3 个人后，韦尔奇意识到，这 3 个人都很优秀，都有资格任通用的 CEO，但结果只能有 1 人担任，而另外 2 位候选者必然会到其他公司担任 CEO，因而他明确告诉 3 位候选人“要么被提升，要么就走人”，在被提升或走人之前，他们必须承担一个任务，即用 6 个月的时间训练各自的继任者。由于韦尔奇极度重视，费尽心机，终于圆满地完成了新老 CEO 交替的平稳过渡。

在挑选继任者的整个过程中，韦尔奇和董事会打破了常规。他们没有提名任何一位首席执行官，也没有考虑从通用电气圈外挑选新人，他们既没有为这个长达10年之久的选人过程制订计划，也没有一个共同的标准来衡量可能的人选。他们所作的就是花上相当长的一段时间来了解每个候选人，花更多时间同公司内部的人来谈论每个人。

一般来说，优秀公司的董事会在选择继任者上不会花上超过100个小时，但通用电气却花了数千个小时。很多高级管理者从未听说过选择继承者要花这么长时间。这很显然是个持久战。但有两点原因可以理解公司的做法：

（1）在美国，许多知名的公司都先后发现他们对新任首席执行官的选择是失败的。过去的几年中，宝洁、朗讯、可口可乐、施乐、吉列、英国航空公司都和新任首席执行官分了手，这一点充分地说明许多公司的选人程序存在问题。

（2）此次的选择是否正确无人知晓，但通用电气历史上对新管理者的挑选一向无误，韦尔奇本人就是个极好的例子。他经验丰富，几乎干遍了公司内的每个管理岗位。正因为如此，他的方式才更值得关注。

杰夫·伊梅尔特最终胜出。虽然韦尔奇始终闭口不谈最终三名候选人的差别何在，但可以相信，三人之中，伊梅尔特是最具有战略眼光和大破大立胆识的人，他也得到了来自韦尔奇的忠告：“大胆开拓”。

韦尔奇退出了通用电气的董事会，他不愿因自己而限制伊梅尔特的作为。“我离开通用电气仅仅因为我头顶秃了吗？”当华润集团董事长宁高宁就接班人问题询问韦尔奇时，他颇为自豪地表示，其他公司和通用电气的差别在于“他们没有接班人选拔机制”。

虽经历过20世纪90年代初期最严峻的危机，但IBM一直是全球公认的“蓝色巨人”。IBM能长期成功并保持发展的延续性与稳定性，同韦尔奇一样，与它对接班人的培养也是密不可分的。

IBM的高级经理都有一门必修课——“接班人计划”。这是一项颇具特色的企业高管人员培训计划。这对于众多大型企业，尤其是面对甄选和培训高层管理人员的中国企业具有借鉴意义。

IBM 首先强调接班人甄选是当任经理的重要职责之一，从而将接班人培养提高到企业发展的战略高度。

IBM 认为：找不到接班人的经理不是一位合格经理人，且本人不能得到升迁。其最终目的是为公司培养、锻炼和选择有潜质的后备人才。计划的实施有两方面的效果，一方面是让优秀人才可以专心致志为 IBM 服务，让他觉得只要认真工作就有提升机会；另一方面是在企业真正需要接班人时，公司能有足够的挑选余地。

一个完善的接班人计划，往往包含理性、情感与政治运作等复杂元素在内。

最重要的是要评估的是接班时机、候选人的标准与列出候选人。影响接班的时间，与现任管理者的年龄、企业的现状和有无合格的人选有关。有时，管理者可能得考虑在别人毫无预期的情况下交出棒子，以遏止中途不必要的情况发生。候选的标准除了得考虑他们过去的绩效，也得将企业未来所需的管理者条件列入考虑。

此外，实施接班计划时，要避免两种倾向：①寻找企业救世主的心态。②忽略企业需要变革的事实。管理者必须很诚实地面对企业实际的需求，并分析个别候选人所具备与缺乏的能力。

在评估候选人的条件时，对内部与外部候选人的评估标准要一致。管理者倾向以较严苛的标准检视内部候选人，因为他的绩效表现很容易被看到；但是，外部候选人比较容易掩藏自己的弱点，只展现自己的长处。在企业整体绩效不佳的时候，管理者容易舍弃内部合格的候选人，转而从外部找来救世主。

朗讯科技（LucentTechnologies）就是一例。朗讯科技内部原本蕴藏许多管理人才，但他们却深感被提拔的机会渺小而纷纷挂冠而去，惠普的菲奥莉娜（CarlyFiorina）与英国电讯的维瓦元（BenVerwaayen）原本都是朗讯的高级管理者。当朗讯面临危机时，董事会主席企图从外部找寻全新的管理人才。但在遍寻不着的情况下，最后才又从柯达公司找回原本也是朗讯管理者的罗素（PatriciaRusso）。因此，管理者应切记，不要低估已认识候选人的能力，而高估一个陌生人的才能。

作为一个企业管理者，你的首要任务之一是培养一批接班人。而要能选出一个好的接班人，就需要管理者要有一双鉴别“千里马”的慧眼才行。

纵观国内外的培养接班人案例，成功的企业不仅在机制与文化上已经成熟并达到一定高度，在对其员工的职业长期规划上也有详细考虑，不仅解决了信任与能力的问题，更有合理的培养计划和提拔制度。

别过于依仗家族成员

在企业发展史上，无论是在任何国家，都有许多家族企业，这些企业是由家族控制并管理的。而且，家族管理并不一定是中小型企业，其中占据同行业领先地位的世界级大公司有很多也是由家族经营的。当然，单纯从企业的功能性的工作来讲，家族管理的企业与专业管理之间是完全相同的。比如说，所有的企业都会涉及到的研发、营销、会计等。然而，家族企业的管理规则，却与专业管理规则不尽相同，而且必须严格遵守这些规则，否则，家族企业将无法生存，当然更谈不到企业的发展了。

杜拉克说："家庭成员不应该在企业里工作，除非他们非常能干而且勤奋。"一个家族管理的企业里，无论家庭成员的工作或职位是什么，他总是处在"高级管理阶层"，这是十分正常的。因此也就难以避免让非家族成员的同事、员工感到不舒服。不要认为这样可以起到监督作用，这是对非家族成员员工自尊的一种冒犯。这种监督与给员工带来的消极情绪相比得不偿失。尤其是让平庸、懒惰的家庭成员在家族企业中占着位子，无疑是件极其糟糕的事，他会降低企业里整个职工队伍对高层管理乃至对整个企业的尊敬。

杜邦公司就是一个家族企业，它之所以能够生存并且兴旺发达，正是因为杜邦家族的所有男性成员在公司里无一例外都是一个普通的工作。5－6 年后，由几位家族长者对其表现做仔细的评估。如果评议的结果认定该成员在 10 年之后不大可能成为高级管理人才，就会被毫不客气地请出公司。

杜拉克认为："公司管理层必须有一个高层职位由非家族成员来担任。"而且，他还认为："在家族企业里，越来越需要在关键的岗位上安排非家族成员的专业人士。"家族企业需要一位极受尊敬的人来参与高层管理，他的职位可以是财务主管或研究部主管，甚至也可以是营销或人事主管，这样就不会把生意同家族搅在一起。另外，不论家族成员多么能干，本身的意愿是多么美好，他如果难以胜任，主观愿望往往就难以达成客观现实。在生产还是在营销、财务、研究、人事管理等方面，所需要的知识和专长都很高深，不论一个家族多么优秀，也不可能有足够的人完全胜任这些工作。因此，对那些非家族成员的专业人士，一定要平等对待，让他们在公司里享有"完全的公民权"，否则他们根本就不会为实现家族企业的利益而长期在这些专业岗位工作下去。1967 年底，杜邦公司的科普兰把总经理一职让给了非杜邦家族的马可，在杜邦公司史无前例，而且财务委员会议长也由别人担任，自己专任董事长一职，从而形成了一个"三驾马车式"的体制。1971 年，他又让出了董事长的职务。

杜拉克还指出："要让外聘管理人员享有'主人感'。"对于家族企业中外聘的高阶层专业管理人员，只有让他享有所应享有的报酬和激励，他才会有"经营自己的事业"的感觉。1920 年，杜邦在改组公司的时候专门为此发明了一种优先认股制度。这一决定曾遭到杜邦家族其他成员的激烈反对，但是杜邦坚决相信他这项制度是正确的。后来事实也证明了他的做法正确。这一制度的重要性不在于金钱，而在于管理人员由此获得了地位。事实上，如果不是这一套制度，杜邦公司的外聘管理人员就会有被歧视的感觉，杜邦公司的历史可能会改写。

在家族企业当中，管理层的继承问题也是一件大事，这时候经营的需要与家族的需要发生了冲突，严重的会导致分裂的结果。解决这一问题的办法就是在家族成员开始对继承发生分歧前找出一个非家族成员做仲裁者。

家族企业一旦发展到一定规模的时候，就算已经能够吸引和保留外聘的专业管理人员了，也不一定可以持续经营。一个家族企业在成长及繁荣之后，其家族成员有可能分心于别的事情，渐渐日趋独立，另谋他业。结果家族成员中能继续专心致力于企业工作的人数也就会日益减少，呈减少趋势的往往可能是干练型的人才，最终发展至整个家族企业成为专业管理人经营的企业。

在家族企业管理中，传统的管理模式是让家庭成员担当主要角色，直接参与管理，有利有弊。但是，家族成员在企业中介入面越广，分布阶层越多，也就越麻烦。在一个企业中，家族成员的过多参与往往是弊端大于好处。

诚然，国外不乏家族企业成功的例子，但中国国情不一样，我们对私有财产管理、运作、监督的法律制度不如人家完善，财产管理的社会服务水平不如人家高，几乎每一方面都得亲力亲为。也就是说，几乎不可能要求家族在公司任职的每一成员都是岗位上的专家。然而家族化经营又有一定的封闭性。由于家族观念根深蒂固，企业引入优秀人才比较困难。而矛盾的是，企业发展壮大又急需人才加盟，因此只能从家族内部挖掘，结果是“矮子中拔将军”，家族中一些资质平庸、能力一般的人进入企业管理层。虽然这些人贡献并不大，甚至比其他员工还小，但他凭借自己的特殊关系颐指气使、养尊处优，不干实事，还要获得超额利益，甚至争权夺利。这类情况破坏企业的管理与激励机制，直接影响到非家族成员的工作积极性，进而影响到企业的发展壮大。

由于中国的人情关系，家族成员的角色冲突也很严重。一方面，家族成员是企业的员工，某管理人员的下属，需要听从上级的指挥；另一方面，家族成员又是董事长、总经理的亲属，甚至是长辈，有些人还自恃关系，导致工作关系难以处理。家族成员都是“特权阶层”，其他员工感觉自己是“外人”，有贡献得不到认可，从而打消了工作的积极性，这对企业的管理和发展是极其不利的。

家族企业初始阶段，其发展是迅速的，正面作用大于负面作用，这种管理是有效的。但是，一旦企业发展了，弊端就会暴露出来。家族成员往往会因利益分配上的纠纷而形成对立群体。

比如，四川希望集团，是中国目前最大的一个纯家族式私营企业。当企业发展到相当规模时，“爆发”了家族内部的革命，原企业一分为四，兄弟四人各立门户。再如，浙江十大发明企业家之一的祝强企业，在企业发展如日中天的时候“后院起火”，原任企业副总的妻舅，以资产分割为由，把祝强推上被告席。

历数一桩桩、一件件家族企业的兴衰，家族企业的管理者应该深深地感悟到：家族企业需要遵循杜拉克的原则，不能再任人唯亲，要任人唯贤。

一个家族企业，常常是在不到两代人的时间内，或者在企业尚未发展到中等规模之前，家族后人便往往由“创业型”转变为“受益型”。所以家族企业管理者一定要未雨绸缪，培养家族里精明强干的后人继续为该企业奋斗，而让其余的家族成员自主创业，仅作为企业的外部投资人。

胜利属于有信心的人

丘吉尔出生于爱尔兰，七岁入学读书，直到中学毕业，他的学习成绩一直不好，老师认为他低能、迟钝，不会有太大的出息。但丘吉尔却对自己充满信心，他刻苦学习英文，又到印度从军，并利用那段时间研读各种书籍。

经过磨炼，丘吉尔成为一个优秀的成功者，他掌握了 4 万英语单词，成为掌握英语单词最多的人。后来，他成为英国首相，率领英国人民参加伟大的反法西斯战争。

丘吉尔在就职时发表的“我没有别的，只有热血、辛劳、眼泪和汗水贡献给你们”的演讲词，成为演讲初学者模仿的范文。

“强者不一定是胜利者，但胜利迟早都属于有信心的人”，这正是杜根定律的主要观点。

很多事情我们不去做，并不是因为它们难，而是因为我们不敢做。其实，人生中的许多事情，只要想做，并相信自己有足够的能力，那么你就能做成。想着成功，你的内心就会形成为成功而奋斗的无穷动力。不管遇到什么困难，都要坚信自己一定能够克服它、战胜它，那么，最终你就一定会成功。

信心造就辉煌人生。只有在每一次失败面前坚持不懈、信心十足的人，才能获得最终的胜利。诺贝尔发明炸药，爱迪生发明电灯，居里夫人发现镭，都经历了无数次失败，是信心让他们坚持到最后，是信心把他们的汗水化为了不朽的传奇。同样的事例在企业经营中也不胜枚举。

美国柯林奈特公司的创始人约翰·柯林南就是这样一个凭借信心获得成功的人。1968 年春天，柯林南在学过电脑软件之后，认为应该将自己所学回馈社会，于是他决定建立起一个新的事业。他对这个新事业的观念极为清晰。①他认为在像电脑软件这种知识密集的行业之中，人可以有特殊的贡献。因此，他认为他的新公司要尽全力吸引且留住那些能够创新的人才。②虽然在当时许多人习惯把电脑软件视为某种稀有的艺术品，可是柯林南却认为可以像一般商品大量制造，也就是说发展许多基本软件，以便在进行一项新工作时不必重复先前已熟悉的步骤。就是要发展电脑软件，使之成为提高企业生产力的工具，而且不断进步。③柯林奈特公司设法从那些为自己需要而设计，但又不经营电脑软件的“尖端客户”那里，取得软件程序和设计，经过处理后再销售给企业，使两种价值合二为一得到实现。在确定了上述新奇但又现实的想法之后，柯林南就聚集了一群致力于美国软件行业的同事们，开始了他们的新事业。他们的第一项产品是名叫库尔普莱特的程序，很容易借由电脑打出报表的程序。然而，不幸的是，这个程序并不吸引人，在市场上遭到了惨败。而这时公司在银行的存款只有 500 美元了，两天之后又有 8500 美元的薪水必须支付，根本没有求援之处。横在柯林南面前的，似乎是一条再无翻身可能的绝路。不过，柯林南毕竟是柯林南，很快就在失败面前重新拾回了信心。他对那唯一的不成功的产品重新进行市场定位。这一次他把程序改名为“EDP（电子数据处理）稽查员”，他不但获得了成功，并且发现并不是幕僚人员才使用电脑，内部和外界的稽查员除了他们所熟悉的簿记员、计算机和书面记录外，也得同样面对电脑、程序和磁带等。由此，柯林南开辟了一个新市场，就是对稽查员施行各种应用电脑的特殊训练和个别服务。这个 EDP 稽查员是柯林南首次在商业上获得的成功，为这个新成立的公司打下了发展的基础。之后，柯林南又进一步发展 EDP 软件，使一般的人员都能操作、存取和发挥电脑的全部功能。在资料库管理软件业务基本形成之后，柯林奈特公司就转向自行发展或向外取得软件，处理后，供应市场各种功能的软件，解决客户制造、销售、人事、财务等问题。柯林奈特公司的最大创新就是处理零散的软件，向客户提供所需的资料及分析结果。这种创新的确有效，从战略空军到杜邦公司，柯林奈特公司已拥有两万多个客户，使该公司销售量连年翻番。

重视第一印象

《三国演义》中凤雏庞统当初准备效力东吴，于是去面见孙权。孙权见到庞统相貌丑陋，心中先有几分不悦，又见他傲慢不羁，更觉不快。最后，这位广招人才的孙仲谋竟把与诸葛亮比肩齐名的奇才庞统拒于门外，尽管鲁肃苦言相劝，也无济于事。

众所周知，人的相貌与才华绝无必然联系，但是礼贤下士的孙权尚不能避免这种偏见，可见第一印象的影响之大。“以貌取人”正是首因效应的缘故。首因效应在人际交往中对人的影响较大，是交际心理中较重要的名词。首因效应是指最初接触到的信息所形成的印象对我们以后的行为活动和评价的影响，实际上指的就是“第一印象”的影响，这一效应由美国心理学家 A · 拉琴斯 1959 年最早提出的。现在的研究认为，人们对最初的信息会付出更多的注意。

由于第一印象主要是指性别、年龄、衣着、姿势、面部表情等“外部特征”。一般情况下，一个人的体态、姿势、谈吐、衣着打扮等都在一定程度上反映出这个人的内在素养和其他个性特征。不管暴发户怎么刻意修饰自己，举手投足之间都不可能有世家子弟的优雅，总会在不经意中“露出马脚”，因为文化的熏陶和浸染是装不出来的。我们常说的“给人留下一个好印象”，这里就存在着“首因效应”的作用。因此，在交友、招聘、求职等社交活动中，人们可以利用这种效应，展示给人一种好的形象，为以后的交流打下良好的基础。

“首因效应”也是一个妇孺皆知的道理，为官者总是很注意烧好上任之初的“三把火”，平民百姓也深知“下马威”的妙用，每个人都力图给别人留下良好的“第一印象”。

20 世纪 70 年代中期，日本关西地区每年的搬家开支达 400 多亿日元，其中大阪市就达 150 亿日元，夺田千代夫妇审时度势办了一家搬家公司。正当夺田千代为如何宣传即将成立的搬家公司绞尽脑汁时，手里的电话号码簿为她带来了灵感。日本的电话号码簿是按行业分类的，同一行业中的排列顺序又是以企业的日语字母为序。于是她便给自己的公司起名叫“阿托搬家公司”，并很快被编入同一行业的首位；同时它还拥有一个好记的电话号码——01234。一般来说，平时人们在号码簿上找搬家公司的电话，排在第一位的公司总是很容易被发现并被记住。夺田千代利用这个规律为自己公司做了一个免费的广告，很快吸引了大批用户，逐渐成为同行业中的佼佼者。

心理学发现，人类对任何堪称“第一”的事物，都具有天生的兴趣和极强的记忆能力，而对“第二”、“第三”等等则往往印象不深，这就是所谓的“首因效应”。夺田千代巧妙地运用“首因效应”为自己的公司赢得先机，这是一种开拓性思维方式。正是这种思维方式的合理运用，才使他们能从人们尚未关注的领域及时发现商机，开拓新的事业领域。

如何才能正确运用“首因效应”呢？正确的做法应该是：

（1）避免运用“首因效应”。因为根据第一印象来评价一个人的好坏，往往有失偏颇。在考察员工绩效时，只凭第一印象，就会被某些表面现象蒙蔽。

（2）“首因效应”在招聘过程中主要表现在两个方面：一是以貌取人。那些仪表堂堂、风度翩翩的应聘者往往容易赢得主考官的好感，二是以言取人，那些口若悬河、对答如流者往往给人留下好印象。因此在选拔人才时，既要听其言、观其貌，还要察其行、考其绩。

用人不疑，疑人不用

皮格马利翁是古希腊神话中的塞浦路斯国王。相传，他性情非常孤僻，喜欢一人独居，擅长雕刻。他用象牙雕刻了一座他理想中的美女像，并天天与雕像依伴，把全部热情和希望放在自己雕刻的少女雕像身上，爱神阿芙狄罗忒被皮格马利翁的爱和痴情所感动，他赋予了雕像以生命，少女雕像从架子上走下来，变成了真人。皮格马利翁娶了少女为妻。

这一法则本来是一个著名的教育心理学术语，意思是对受教育者进行心理暗示：你很行，你能做得更好，从而使受教育者认识自我，挖掘潜力，增强信心。

两名保龄球教练分别训练各自的队员。他们的队员都是一球打倒了7只瓶。教练甲对自己的队员说："很好！打倒了7只。"他的队员听了教练的赞扬很受鼓舞，心里想，下次一定再加把劲，把剩下的3只也打倒。教练乙则对他的队员说："怎么搞的！还有3只没打倒。"队员听了教练的指责，心里很不服气，暗想，你怎么就看不见我已经打倒的那7只。结果，教练甲训练的队员成绩不断上升，教练乙训练的队员则打得一次不如一次。

从上面的故事中我们可以看到"皮格马利翁效应"的影子，它告诉我们承认和否定他人能力带来的截然不同的效果。希望得到他人的肯定、赞赏，是每一个人的正常心理需要。而面对指责时，不自觉地为自己辩护，也是正常的心理防卫机制。一个成功的管理者会努力去满足下属的这种心理需求，对下属亲切，鼓励部下发挥创造精神，帮助部下解决困难。相反，专爱挑下属的毛病，靠发威震慑下属的管理者，也许真的能够击败他的部下，但是，一头暴怒的狮子领着一群绵羊，又能创造出什么业绩呢？

“皮格马利翁效应”告诉企业管理者，感受到被信任和重视的员工往往会更充分认识自我，挖掘个人潜能，增强信心。因此，在管理核心员工的过程中，表明企业对他们的信任和重视，相信他们可以获得巨大的成功非常重要，得到这样暗示的员工将更加努力地工作以报答管理者的知遇之恩。

日本东芝株式会社社长士光敏夫就始终坚持“有十分之才，给予十二分重担”的用人原则；而素有“经营之神”之称的松下幸之助更是把“皮格马利翁效应”应用到了企业人力资源管理的每一个方面。他首创的“电话管理术”就是利用电话时刻与员工沟通，传达他对员工的信任和鼓励。接到总裁亲自打来的电话，员工们总是能够从中得到鼓舞和力量。而松下公司在员工招聘和选择中更是把这个理念发挥得淋漓尽致。松下一般只选中才，而不选高才和所谓的聪明人。松下幸之助认为，企业应当选择能够完成岗位要求 70% 的人而不是 100% 的。因为，很快就能达到岗位全部要求的高才肯定不愿意埋头苦干，而要求企业给予他们更具有挑战性的工作，如果他们得不到满足往往会选择离开，而这样的机会在企业中并不是非常多的。所以，为了避免这种情况的出现，还不如一开始招聘时就选择那些中才，他们会更加珍惜来之不易的工作和升迁机会，在“皮格马利翁效应”的作用下，他们的潜能会被大大激发出来，这样一来他们创造的业绩往往会远远高于那些所谓的聪明人。

培养员工自我控制

企业是建立在消费需求基础上的经济组织。随着时代的进步，企业所面临的市场日益千变万化：首先是企业存续的基础发生深刻的变化——消费需求趋向层次化、多样化和不确定化；其次，企业所处的价值链上诸多资源供应商、行业竞争对手、渠道终端对利益的索取也相应地发生着变化；更兼社会政治环境、经济环境、技术等一系列外部因素的变化，企业维持生存、谋求更大发展的外部环境压力与日俱增。所以，企业要实现永续经营的目标必须“内外兼修”：对外经营要识规则、守规则、用规则，甚至创造规则，才能较好地解决市场生存问题；对内管理方面则要定制度、修制度、变制度，从而适应外部变化，解决组织运作的秩序和效率的问题。从本质上讲，企业的内部制度就是市场运作关系和机制的浓缩与再现。企业如不能顺应市场竞争的变化，及时甚至超前地解决内部规则调整、修改或重新设立等问题，那么其自身的“小”经济系统就无法与外部市场的“大”经济系统实现有效地、动态地、良好地对接及耦合，当然就谈不上什么“适应市场”，那么组织的破败也只是在转眼之间了。

具体到员工管理也是如此：由被监督，到养成习惯，到习惯成自然，再到自发地按照规则办事，这个过程中所体现的是一种自发自愿的精神，这对一个管理者来说，这也是最划算的管理。

珠海炬力集成电路设计有限公司是一个由专业团队与国际著名 IC（集成电路）设计企业共同创立的 IC 设计公司，总投资 1000 万美元。主要从事工业级和消费类 Soc（多媒体芯片）及其完整系统解决方案的设计开发，业务范围涵盖 IC 设计、方案研发、IC 测试和销售。2004 年已拥有员工 220 多人，其中研发类人才 180 多人，是目前国内屈指可数的顶尖级 IC 设计企业之一，2003 年被中国半导体行业协会评选为当年度国内最具成长性的十大 IC 设计企业之一。该企业凭借 MP3SoC 产品在国际市场上的极大成功，2004 年炬力集成公司被国际著名的市场调研机构 isuppli 评为中国大陆最成功的 IC 设计公司之一。

该公司以其深厚的管理与技术积淀，高起点的技术及产品定位，准确的市场定位，强劲的创新力，持续保持着高速的成长与发展态势。而其成功最重要的因素之一，便是它的自发管理理念，其最有特色之处在于其员工俱乐部：由员工自发选举产生员工福委会，公司与员工个人调拨相应资金为员工年度福利基金，由福委会作统一分配及安排；福利会下有员工自发组织的各种活动协会，员工可依据兴趣自愿参加。此外，企业的高绩效、高贡献、高报酬的薪酬制度，完善的福利体系以及培训体系，为员工提供了快速成长和充分施展才华的事业环境。企业的各项体系为员工设立了自发管理的优良环境，而员工的自发管理也为企业带来了源源不断的生命力。

知人善任，用其所长

美国著名管理学家彼特·杜拉克认为，有效的管理者面对人才从来不会这样问："他能跟我合得来吗?"而会问："他贡献了些什么?"也从来不问："他不能做些什么?"而是问："他能做些什么?"所以他们在用人时，用的都是在某"一"方面有所长的人，而不是在"各"方面都大致不差的人。

管理学有句名言："放错了位置的人才等于垃圾"，只有无能的管理，没有无用的人才。但是管理者不能把"人皆有才"理解为每个人都具有同样的才能。人的才能不仅有大小高低之分，而且还具有"方向性"，各有各的才能。

象棋里用"棋子"的智慧与企业用人的艺术如出一辙，"将、帅"如同企业里的"一把手"位居核心地位，"车、马、炮"就是企业里的建设人才，各具特色，各有功用。"士"与"象"毫无攻击力，属于防御型的角色，一般在企业里担当政治工作角色。

即便"车、马、炮"再如何神勇，如果"老将"不会运用，发挥其潜能，它们也就只能碌碌无为了。因此，管理要善于挑选适合当"车"的人去做"车"，适合当"马"的人去做"马"，适合当"炮"的人去做"炮"……战国时期鲁仲连说，让猿猴离开树木跳到水中，当然不如鱼鳖；要论钻墙跳房，骏马不如狐狸；让勇士抛掉宝剑去拿锄头，必然不如农夫。他又说："不知人之短，不知人之长，不知人长中之短，不知人短中之长，则不可以用人，不可以教人。"这也说明了人才使用中扬长避短原则的必要性和重要性。

管理者也应该根据实际需要和人才特长，把有限的人才进行合理搭配，用到刀刃上去，做到“智者取其谋，愚者取其力，勇者取其威，怯者取其慎”；要做到展其所长，兼而用之，发挥出人才的群体效益。所以，管理者在用人时，既不能因为人有所短而忽略人之所长，也不能因为“似乎无所短”即认为必有所长。管理者用人应做到：“知人善任、用人所长。”

“知人”是“善任”的前提条件，用好人才，必须首先做到“知人”。所谓“知人”，不仅应“知”人才的长处和短处；而且要“知”人才的过去和现在，更要“知”人才的将来。例如，有的人雄才大略，既有战略眼光，又有组织才能，可放在决策部门担任管理工作；有的人思想活跃，知识面广，综合能力强，既有真知灼见，又能秉公直言，可担任智囊参谋部的工作；有的人铁面无私，耿直公正，执法如山，联系群众，可从事监察工作；有的人社交能力强，适合于采购、推销部门；有的人语言表达能力强，宜放在宣传教育部门。还有就是从人才的发展过程来看，哪位具有更大的潜能，能够担任重要的角色。

所谓“善任”，就是选拔人才加以任用时，要善于发挥人才的长处，克服其短处。要善于调动人才周围人员的积极性，要善于从各方面为人才充分发挥作用创造条件，要善于为人才的今后发展打下基础。用人最忌讳的是勉为其难。人有共性，也有个性，人有能力差异、性格差异、行为差异。用人所长，被用的人就可大显身手，管理者效能也会事半功倍；用人所短，勉为其难，那实在是不明智之举。“用人如器，各取所长”，只要因才施用，人才必能各有其为。管理者在用人时要讲求人才群体结构的合理性、互补性、相容性，讲求用人的效益，要因事设人，不因人设事。“人多好办事”是小生产的观念，它是与现代人才观相悖的。它必将导致机构臃肿，人浮于事，内耗丛生，工作效率低。

美国的罗斯福就是一个非常善于用人的总统，他于 1933 年上台以后，雷厉风行推行大规模改良政策的“新政”，缓解了美国的经济危机，使美国经济走出困境。

在实施新政过程中，他针对当时美国严峻的局势，并不以政见取人，只要有助于恢复经济，无论是持有新思想、新主张的还是具有正统思想的，他都一概将他们吸收到内阁里，从而大大增强了政府的综合决策能力。

罗斯福组织内阁，对内阁成员的任命虽然不拘一格，可他任命的内阁成员每个在工作中都发挥了不可估量的作用。最有影响的有预算局长道格拉斯，他协助罗斯福厉行节约，干得相当出色，以致罗斯福在就职一个月后就称他为“政府发现的用途很广的最大宝物”。因为道格拉斯把钱袋的绳子抓得很紧，很快他就得到一个美名，叫做“决一死战的预算平衡家”。特格韦尔这时是农业助理部长，可是他提的问题却不局限于农业问题。他还任命珀金斯小姐为劳工部长，妇女入阁在美国历史上是破天荒的事。珀金斯小姐向罗斯福举荐了出身寒微但有才干的霍普金斯。霍普金斯马上受到重用，并在其后的岁月中成为罗斯福最忠实、得力的助手。进步共和党人华莱士被任命为农业部长，后来还担任过罗斯福的副总统。

值得注意的是，罗斯福的用人智慧完全是建立在“知人”的基础上的。可是现代许多企业在人才使用上却存在着误区：企业管理者一般为了显示自己对人才的重视，一开始就授予这些人以很大的权力，并给予很高的福利待遇。

尽管这些做法在留住人才上会起到很大作用，但是，其消极作用也是很明显的：①很多人来到企业不是为了真正做事，而是看中企业在招聘时开出的位置或者待遇，缺乏对企业的认同感。②享受这些好处的人才会产生莫名的优越感，从而会形成一种不正常的心态，不利于形成踏实的工作作风。③下属不一定买这些人的账，从而不利于人才权威的树立和企业共同理念的形成。④由于缺乏经验或者对企业实际的了解，这些新进的人才难免会出现工作上的失误，通常这些工作失误对他们来说是毁灭性的，因为会使得企业管理者对他们的期望值下降。

企业管理者若想发挥人才真正的潜能，就必须向罗斯福学习做到“知人善任、用人所长”。能否做到“知人善任”可以从以下几个方面进行判断：

（1）任用此人是否符合人尽其才的原则，其担子是轻了还是重了？

（2）任用此人是否符合人才群体结构合理论的要求？

（3）此人对面前的工作困难有无力量克服？困难来自何方？

（4）任用此人是发挥了其长处还是限制了其长处？

（5）此人在这个岗位上能否有所建树？发展趋势如何？等等。通过反思，企业管理者可以自我检验“知人善任”的程度，或者可以发现用人不当之处。

只有充分做好人才的知人善任、用其所长的工作，才能发挥人才的潜能为企业的发展贡献力量。否则，那些人只会成为拖企业后腿的庸才。

每个人都是有长处的，管理者要为下属发挥这些特长创造条件。管理者必须重视每个人的积极性，做到人尽其才，一专多能，每个人的各种特长都应得以运用发挥。

不拘一格用人才

要做到求才若渴，必定要视野开阔，广泛察人、选人、用人。证明一个管理者会用人的表现，就是他能否用人不拘一格，千变万化，因人而用。反之，证明一个管理者不会用人的表现，就是他用人拘于一格，没有什么变化，死气沉沉。

近代诗人龚自珍云："我劝天公重抖擞，不拘一格降人才。"可是，如果管理者用人拘于一格，老天"不拘一格降人才"又有什么用呢？

高明的管理者尤其要善于使用冒尖的人才或天才。有人说，"人才源于胆量"，是有一定道理的。假如大胆的相信下属，可能就会成为大才；反之，就会泯灭一个人才的出现。

世俗认为，"出头椽子先烂"，"枪打出头鸟"，"人怕出名猪怕壮"，所以，一般人才的下场都很不好，但是要成就大业就必须大胆使用人才。用人的成功，在很大程度上取决于管理者是否树立了鼓励冒尖的良好风气。

人生，不可能永远顺风顺水，有时候，成绩也不全是实力的反映，不过看你能否选准人才，并要看你的修养和心态如何。如果你选择了不拘一格用人才，那么，更大的荣耀就在你前进的不远处。

涅莫夫10岁时父母就离了婚，母亲在幼儿园里当护士。母亲把爱全部给了儿子，在他的记忆里，虽然家里的家具很少，但却很温暖。涅莫夫是个很乐于助人的人。在悉尼奥运会时，马斯卡连科的比赛服出了点问题，涅莫夫就把自己的比赛服送给了他。涅莫夫想，自己已经得了一块金牌，而马斯卡只有这一次机会了。而马斯卡果然也夺得了一块金牌，涅莫夫为同伴而感到高兴。

涅莫夫是俄罗斯当之无愧的“体操沙皇”，他 9 次参加世锦赛，共赢得了 5 金 3 银 3 铜，共 11 枚奖牌，两次参加奥运会共获得了 4 金 2 银 6 铜，共 12 枚奖牌。他的辉煌战绩，无人能与之匹敌。悉尼奥运会后，许多人劝他说：“你已经拥有 4 枚奥运会金牌，应该在巅峰时急流勇退了。”可是，涅莫夫挚爱着体操事业，相信自己的实力，他想让雅典奥运会成为告别的舞台。可是，在雅典奥运会发生的一切，却谁也没有料到。2004 年 8 月 23 日，在雅典奥运会男子体操单杠决赛中，出现了奥运史上令人震惊而感动的一幕。28 岁的体操英雄涅莫夫，在单杠上一气呵成的 6 个精彩绝伦的空翻和腾跃，非常的完美，只是在落地时向前跨了一步。观众把最热烈的掌声送给了他。可是裁判仅亮出 9.725 分。被愚弄的观众不干了！霎时间，不同国度的旗帜一同挥舞，万余名观众全体站立，嘘声持续十几分钟经久不息。尽管裁判迫于压力，最终，改判为 9.762 分，可沸腾的看台依旧无法平静。这时，涅莫夫重新回到了单杠边的场地上，他伸开双臂表示谢意后，优雅地将食指放在唇边做出“噤声”手势，请求观众们给下一位选手一个安静的比赛环境。

尽管未能夺冠，但是涅莫夫受到祖国俄罗斯最热烈的欢迎。等待他归来的是由支持者亲手制作的金牌。除了尺寸略小，还有背面的题字“永远的支持者”外，这枚金牌与实际的奥运金牌几乎完全一样。比赛结束后，涅莫夫深情地表示，观众的支持比金牌更重要。也许明天我们就会忘掉单杠的金银铜牌是谁，却永远不会忘掉涅莫夫嘴角淡然的笑容。

涅莫夫失去了金牌，但他赢得了世人的尊重。他是那晚当之无愧的无冕之王。劝慰观众的感人一幕如大片中的经典场景，让人久久无法忘记。他的行为，捍卫了尊严；他的风度，赢得了尊敬。

事实上，拘于一格，不敢大胆用人、灵活用人的管理者比比皆是。他们的做法，往往使得人才无法冒尖、无法尽其所能，间接地使企业失去生机，失去竞争力。造成这种后果的管理者，实乃罪者！

要想避免失败，避免成为企业衰退的罪人，管理者必须放弃保守的观念，大胆用人、灵活用人、不拘一格地用人。

所谓用人以胆，就是大胆地选用人才，不拘一格。人才从来都是培养而成的，对他们应当放手使用，使之冲上云霄，战风斗雨；办事情完全在于作用的人才，而作用的人才全在于冲破原有的格局；用人的原则，应当从一个人壮年精力旺盛的时候就使用他。如果拘泥于资格，那么，一个人往往要到昏乱糊涂的老年才会得到重用；对立下大功的人不要寻求其细小的毛病，对忠心耿耿的人不要找其细微的过错；提升的快慢，不要仅凭一个依据。如果其才能可以作用，就要不限资历，越级提拔。

及时起用，不可拖延，及时起用成绩突出的冒尖天才，尽快把他们提拔到关键性的工作岗位上，造成既成的事实，使热衷于造谣中伤的小人在企业中无法得逞，自感没趣，只得偃旗息鼓，草草收兵；大胆使用，不可怯弱。有胆识的管理者就应该意识到，天才最需要得到管理者的有力支援，有正义感的管理者要及时对天才以最有力的鼓励和支持，选择一个适当的场合，向全体职工宣传天才的作用。

鼓励使用，避免塌陷。对于少数躲在人群散布流言蜚语的掐尖骨干，管理者只要一经发现，就应该不留情面，立即对他进行严肃的批评教育，迫使他及时中止对先进人物的掐尖行为；奖励使用，避免混杂。在精神上和物质上给天才以适度的鼓励，不仅有利于鼓舞少数天才的斗志，激励他们更快地成长，并且也在公众面前树立起一批具有说服力和示范作用的榜样。

身为管理者，要想成功，非这样做不成！因此，所谓“不拘一格”的关键是要企业管理者冲破陈旧观念的樊篱，融入现代企业“寓杂多于统一”的最高用人原则，力戒排斥异己、唯亲是用，而应该以企业利益为重，因事设人，因材而用。

七、小细节不重视，必出大问题

很多大的企业在叱咤风云几年以后，便轰然倒塌、灰飞烟灭了。而另外的一些优秀企业却岿然不动，至今仍葆青春，这其中的奥秘令人感到匪夷所思。最典型的例子莫过于沃尔玛的成功和凯玛特的失败。而这一成一败的两个企业最显著的不同就体现在细节上面。

麦当劳总裁弗雷德·特纳就曾说过："我们的成功表明，我们的竞争者的管理层对下层的介入未能介入下去，他们缺乏对细节的深层关注。"

那些优秀的企业之所以能够取得成功，很大程度上就在于对细节的重视。因为细节往往决定着企业的成败。

细节决定成败

1980年7月，美国NBC电视台在黄金档时间播出了一个名为“日本能，我们为什么不能?”的电视专题片，时间长达两个小时，其主题是比较美国与日本的工业。NBC节目主持人说道：日本本国几乎不产原材料，工业原材料的95%依赖进口。这就是说，就天然条件而言，日本可算是赤贫。而在美国的市场上，到处都是日本的产品，汽车、家用电器、照相机等不用说，就是你要买把铁锤，也是日本制造。在二战之前，日本人以制造伪劣产品昭著于世，“日本制造”一词成为取笑劣质产品的口头禅。但时至今日，“日本制造”已经是品质优秀的代名词。

究其原因，则主要得益于“五常法则”的推行。“五常法则”是企业精细管理法则，即“常组织、常整顿、常清洁、常规范、常自律”的简称，因其都以字母“S”打头，亦称“5S”法则。

“5S管理”的思路非常简单朴素，它针对企业中每位员工的日常行为提出要求，倡导从小事做起，力求使每位员工都养成事事“讲究”的习惯，从而达到提高整体工作质量的目的。

“五常法则”的内涵为：

(1)“常组织”就是判断出完成工作的必需品并把它与非必需品分开，把必需品的数量降低到最低程度，并把它放在一个方便的地方。如果通俗一点解释的话，那就是把工作场所内不要的东西坚决清理掉。

(2)“常整顿”就是研究提高效率的方法，它告诉我们如何以最快的时间取得物品，以及如何以最短的时间把它存放好。也就是说，要使工作场所内所有物品保持整齐有序的状态，并进行必要的标志。杜绝乱堆乱放、产品混淆、该找的东西找不到等无序现象的出现。

（3）“常清洁”应该由整个单位所有职员，上至领导者、下至清洁工一起来完成。使工作环境及设备、仪器、材料等始终保持清洁的状态。

（4）“常规范”就是连续地、反复不断地坚持“常组织”、“常整顿”和“常清洁”活动。进一步说，“常规范”活动还包括利用创意和“全面视觉管理法”，获得和坚持规范化，从而提高办事效率。

（5）“常自律”就是向每一个人灌输按照规定方式做事。这里所强调的是创造一个具有良好习惯的工作场所，教导每个人用得当的方式做事。抛弃坏的习惯养成良好的习惯，这个过程有助于人们养成遵守规章制度的习惯，树立讲文明、积极敬业的精神，如尊重别人、爱护公物、遵守规则、有强烈的时间观念等。

“五常法则”为现代管理提供了一套全面系统的环境管理规范，不仅能使工作环境保持窗明几净和井然有序，更能不断地提高工作质量和效率。最重要的是，还加强了企业内部的沟通，令员工树立积极态度、发扬自律精神，从而使企业知名度提高，不断提升企业形象及竞争力。

一般人认为，企业的高层经营管理者不应管细小的问题，而只需要把握企业的主干——生产、经营和销售等方面的大原则就可以了，各种具体的细节问题应完全放手让部属去干。而美国国际电话电报公司行政总裁哈罗德·吉宁却不这样看，他认为这是一种欠缺的管理方法，卓越的领导人从来不会对细节问题撒手不顾，反而在适当的时候会对它追根究底。

吉宁在美国管理界颇负盛名，他的名字常与天才的、雄心勃勃的、坚忍不拔的、强有力的、苛求的和成功的这样一些词连在一起。苛求的吉宁对细节的执著几乎到了着魔的地步，但这恰恰是他的管理方法的基本内核和他取得成功的关键。他有一丝不差的记忆力和速读能力，喜欢亲手掌握原始数据，不愿让他的职员把材料提得太精炼。他曾经说：有许多事不需要我知道，可是在事后我要知道这是怎么回事。吉宁发现问题时，会很快地行动起来并要求介绍详细情况，以便及时解决。他的一位行政主管说过：“在国际电话电报公司由吉宁一级解决的问题——有许多是小问题

——比其他任何一家大公司都要多。”也许有人要说这种管理方法太婆婆妈妈了，其实不然。正是由于吉宁对事实持之以恒的追求，严谨的工作作风和求实的办事原则，才使该公司在他的领导下，规模扩大了10倍，而且变成了一台协调有效的机器。诚然，作为一个公司的领导和管理者，宏观调控固然需要，但微观情况的掌握更不可少。

作为一个公司领导，不需要、也不可能事必躬亲，但一定要明察秋毫，能够在注重细节当中比他人观察得更细致、深刻，做到能像哈罗德·吉宁那样，在某一细节的操作上做出榜样，使员工有效法的范例，并形成一种威慑力，使每个员工都不敢马虎，无法搪塞。只有这样，企业的工作才能真正做细做实。

要注意自己的薄弱环节

在德国史诗小说《尼伯龙根的宝藏》中，有一位屠龙英雄齐格飞，他英勇无比，力量过人，经过激烈搏斗，杀死了尼伯龙根岛的恐龙，用龙血沐浴全身后，成了刀枪不入的金刚之身，可是因为当时他的后背粘了一片菩提叶，没有沐浴到龙血，就成了他身上唯一的致命之处。

后来，敌人想尽一切办法，终于从他的妻子葛琳诗那里得到了这一秘密，在交战中用长矛刺入齐格飞的致命之处，终于夺去了英雄的性命。

齐格飞的死，正是缘于自身的唯一一点不足。但正是这一点点的不足却成为导致悲剧的关键因素。这也正是木桶定律阐述的主要内容。

细小的疏忽往往酿成整体上的失败。

国内一家乳品公司的老板在谈到该公司在某市的推广活动中说："我们的推广非常注重实效，不说别的，每天在全市穿行的100辆崭新的送奶车，醒目的品牌标志和统一的车型颜色，本身就是流动的广告。而且我要求，即使没有送奶任务也要在街上开着转，多好的宣传方式，别的厂家根本没重视这一点。"

事情的发展似乎超出了这位老板的预想：一开始有很多家庭喝该企业的乳品，后来却渐渐无人问津了，其中的问题恰恰出在送奶车上。原来，这些送奶车用了一段时间后，由于忽略了维护清洗，车身沾满了泥污，甚至有些车厢已经明显破损，但照样每天在大街上"招摇"。市民们对此纷纷发表意见："简直受不了这种视觉污染。每天都受这样的刺激，我们还能喝这种奶吗?"创造这种推广方式的厂家没想到"成也送奶车，败也送奶车”。就是这样一个细节问题，导致推广失败。

像上例中这种“小节失败”的尴尬越来越多地出现在各个企业的营销过程中。很多企业在营销出现问题的时候，一遍遍思考营销战略、推广策略哪儿出了毛病，却忽视了对营销细节的认真审核，而这些细节最终却成了“短木板”。导致这些问题产生的原因是多方面的，最根本的原因是企业营销思路受到了局限，并且缺乏细致务实的工作态度。

木桶原理是由美国管理学家彼得提出的。说的是由多块木板构成的木桶，其价值在于其盛水量的多少，但决定木桶盛水量多少的关键因素不是其最长的板块，而是其最短的板块。这就是说任何一个组织，可能面临的一个共同问题，即构成组织的各个部分往往是优劣不齐的，而劣势部分往往决定整个组织的水平。

根据这一核心内容，“木桶定律”还有三个推论：

（1）只有桶壁上的所有木板都足够高，那木桶才能盛满水；如果这个木桶里有一块木板不够高，木桶里的水就不可能是满的。

（2）比最低木板高的所有木板，其高出部分都是没有意义的，高的越多、浪费越大。

（3）要想提高木桶的容量，就应该设法加高最低木板的高度，这是最有效也是唯一的途径。

若仅仅作为一个形象化的比喻，“木桶定律”可谓是极为巧妙和别致的。但随着它被应用得越来越频繁，应用场合及范围也越来越广泛，已基本由一个单纯的比喻上升到了理论的高度。这由许多块木板组成的“木桶”不仅可象征一个企业、一个部门、一个班组，也可象征某一个员工，而“木桶”的最大容量则象征着整体的实力和竞争力。

一个企业要想成为一个结实耐用的木桶，首先要想方设法提高所有板子的长度。只有让所有的板子都维持“足够高”的高度，才能充分体现团队精神，完全发挥团队的合力。在这个充满竞争的年代，越来越多的管理者意识到，只要组织里有一个员工的能力很弱，就足以影响整个组织实现预期的目标。而要想提高每一个员工的竞争力，并将他们的力量有效地凝聚起来，最好的办法就是对员工进行教育和培训。企业培训是一项有意义而又实实在在的工作，许多著名企业都很重视对员工的培训。

对于管理者而言，如何才能迅速提高竞争力呢？正确的做法应该是：

（1）做 SWOT 分析，针对自身面临的机会和威胁进行分析。为了更好地抓住机会和回避风险，只需要弥补严重制约自身发展的劣势。补短的关键在于判断哪一项劣势才是自身目前最应该弥补的。要有目的地弥补，而不是无目的、盲目地弥补。

（2）制定补短的目标，即自身希望达到的学习效果。这一点至关重要，目标一定是可以实现的，要量化以方便衡量结果，不同的学习目标要有层次，而且要相互协调。

（3）制定一个补短的计划，由计划来指导学习和工作，而不是随意地想做就做。

（4）制定一个补短行动方案和时间进度表，以利于计划的执行和控制。

（5）对补短的学习过程进行控制。计划执行的过程中要及时衡量学习的效果，进行评估，诊断结果，然后采取修正行动。在现实中，控制这一环节往往被很多人所忽视了，只是去补了，去学了，但是没有控制，这很容易造成补短的低效。

失之毫厘，谬以千里

1960 年，美国麻省理工学院教授洛伦兹研究“长期天气预报”问题时，在计算机上用一组简化模型模拟天气的演变，经多次计算表明，初始条件的极微小差异，均会导致计算结果的很大不同。洛伦兹用一种形象的比喻来表达他的这个发现，其大意为：一只南美洲亚马孙河流域热带雨林中的蝴蝶，偶尔扇动几下翅膀，可能在两周后引起美国得克萨斯的一场龙卷风。其原因在于：蝴蝶翅膀的运动，导致其身边的空气系统发生变化，并引起微弱气流的产生，而微弱气流的产生又会引起它四周空气或其他系统产生相应的变化，由此引起连锁反应，最终导致其他系统的极大变化。这就是混沌学中著名的“蝴蝶效应”，也是最早发现的混沌现象之一。

“蝴蝶效应”也被称为“蹄铁效应”：如果丢掉一只铁钉就会丢掉一个蹄铁，丢掉一个蹄铁可能失去一个马蹄，丢掉一个马蹄可能失掉一匹战马，丢掉一匹战马可能会失掉一个将军，失掉一个将军可能就失去一场战争，由于这场战争非常关键，丢掉一场战争就失掉一个国家。一个小铁钉的问题，由于处理不当，可能会导致国家的灭亡。

“蝴蝶效应”说明，一个极小事件的发生，由于不断引发连锁反应，可能会导致严重的后果或者重大事件的发生。

今天的企业，其命运同样受“蝴蝶效应”的影响，因为消费者越来越相信感觉，品牌消费、购物环境、服务态度……这些无形的价值都成为他们选择的因素。所以，只要稍加留意，我们不难看到一些管理规范、运作良好的公司在理念中出现这样的阐述：

“在你的统计中，你的 100 名客户里只有一位不满意，因此你却称只有 1% 的不合格，但是，对于该客户而言，他得到的却是 100% 的不满意。”

“你一朝对客户不善，公司需要 10 倍甚至更多的努力去补救。”

“在客户眼里，你代表公司。”

当人们在 21 世纪伊始的钟声中展望未来时，美国安然、世通、施乐等一批大公司的会计丑闻接连被曝光，震撼了美国及国际社会，使人们对美国式自由市场经济制度产生了质疑，全球舆论聚焦于美国企业的假账丑闻。

曾受世人仰慕并被极力推崇的“美国模式”为何一下子涌出这么多的乱子？问题的根源应追溯到 20 世纪 90 年代下半期，美国经济超潜力扩张，致使股市非理性膨胀；放松管制使首席执行官们有机可乘，贪婪欲望导致道德沦丧；泡沫破灭与经济衰退使假账沉疴最终浮出水面。因此，这是一场由泡沫诱导、松绑过度、经济周期引发的诚信危机。这些危机的爆发使得那些一流的大公司全都中了连环箭，然而迄今曝光的假胀丑闻可能只是冰山一角。

据美国《首席财务官》杂志调查，17% 的首席财务官被迫做假账。组织者认为，实际数字应该高于调查结果。他们以股票期权获取暴利，与员工收入差距由 1985 年的 70 倍上升到目前的 410 倍。“蝴蝶效应”还在扩大，影响相当恶劣，市场信心几近崩溃，股市大幅下挫。据美国《商业周刊》报道，仅 2002 年 6、7 两个月，美国股市已下跌 20%，市值缩水 2.1 万亿美元，因此拖累经济增长 0.5 ~1 个百分点。美国布鲁金斯学会一项研究统计，假账丑闻使 2002 年美国经济损失 370 亿 ~420 亿美元。可怕的“蝴蝶效应”使美国商界坐卧不宁。

今天，能够让企业命运发生改变的“蝴蝶”已远不止“计划之手”，随着企业坐而无忧的垄断地位的日渐式微，开放式的竞争让企业不得不考虑各种影响发展的潜在因素。而企业选择的结果就是：谁能捕捉到对生命有益的“蝴蝶”，谁就不会被社会抛弃。

不要因小失大

美国有位心理学家进行过这样一项有趣的试验：

将两辆一模一样的汽车分别停放在两个不同的街区，中产阶级社区和相对杂乱的帕罗阿尔托社区，停放在中产阶级社区的那辆车是一辆完好无损的车，而把另一辆摘掉了车牌、打开了顶棚的车停放在帕罗阿尔托社区。

结果怎样呢?

停在中产阶级社区的那一辆，过了一个星期还完好无损；而停放在帕罗阿尔托的那一辆，不到 24 小时就被偷走了。

后来，这位心理学家敲碎那辆完好无损汽车的一块玻璃，结果仅仅几小时汽车就不见了。

美国政治学家威尔逊和犯罪学家凯林以这项试验为基础提出了一个“破窗理论”。他们认为：如果一栋建筑上的一块玻璃被人打碎了，又没有及时修复，别人就可能受到某些暗示性的纵容，去打破更多的玻璃。如此下去，这些窗户就给人造成一种无序的感觉，在这种麻木不仁的氛围中，犯罪就会滋生、蔓延。

“破窗理论”在企业管理中有着重要的借鉴意义。

在日本，有一种称作“红牌作战”的质量管理活动，主要内容包括以下几个方面：

（1）清理：清楚区分要与不要的东西，找出需要改善的事、地、物。

（2）整顿：将不要的东西贴上“红牌”，将需要改善的事、地、物以

“红牌”标示。

（3）清扫：给有油污、不清洁的设备贴上“红牌”，给藏污纳垢的办公室死角贴上“红牌”，办公室、生产现场不该出现的东西贴上“红牌”，清扫这些有红牌的地方。

（4）清洁：减少“红牌”的数量。

（5）修养：有人继续增加“红牌”，有人努力减少“红牌”。

企业借助“红牌作战”的活动，工作场所变得整洁，工作环境变得幽雅，企业成员做事耐心细致。久而久之，大家都遵守规则，认真工作。

许多管理者认为，这样做太简单，芝麻小事，没什么意义，而且兴师动众，没有必要。但是，一个企业产品质量是否有保障的重要标志，就是生产现场是否整洁。这是“破窗理论”在企业管理领域一个直观的体现。

有一位教师，他的班级接受了一个留级生，在他的记忆中，这是他从事教育工作近十年中唯一碰到过的一个留级生。

这次留级对这位学生的触动很大。进入新的班级后，他处处积极主动、勤奋学习。班里一些原本想混日子的人，看到学校动了真格的，受到震动。在他的带动下，同学们上课开始记笔记了，作业也主动交了。

甚至出现了这样一种情况，老师在上课时反复强调的重点，有的人或许会不以为然，但该生以过来人的身份提醒：“这个内容是要考试的。”他的话能立即引起同学们的高度重视。留级生的话竟然比教师的话还有效，这是许多人都未曾想到的。

这位老师意识到“破窗理论”对良好学风的形成大有裨益。他发现，许多学生一开始就没有形成良好的行为习惯，想要将这些散漫的学生整合起来，使之遵守学校的行为规范，就必须在发现违纪现象时及时加以制止和纠正，修好“第一扇被打破玻璃的窗”，把“破窗理论”扼杀在摇篮之中。

“破窗理论”更重要的在于企业对待“小奸小恶”的态度，特别是触犯企业核心价值观念的一些“小奸小恶”，小题大做的处理是非常必要的。

有一家公司，规模虽然不大，但极少炒员工鱿鱼，因此名声在外。有一天，一位资深车工在切割台上工作了一会儿，就把切割刀前的防护挡板卸下放在一旁。没有防护挡板，收取加工零件会更方便、快捷一些，这样他就可以赶在中午休息之前完成三分之二的零件了。但是这件事情却让他得到了要将他辞退的处罚通知。总裁说："身为老员工，你应该比任何人都明白安全对于公司意味着什么。你今天少完成了零件，少实现了利润，公司可以换个人换个时间把它们补起来，可你一旦发生事故、失去健康乃至生命，那是公司永远都补偿不起的……"

离开公司那天，这位车工很明白，工作了几年时间，他有过风光，也有过不尽如人意的地方，但从没有人对他说不行。可这一次不同，这次碰到的是公司灵魂的东西。

对于影响深远的"小过错"，"小题大做"去处理，才能防止"千里之堤，溃于蚁穴"，正是及时修好"第一个被打破玻璃的窗户"的明智举措。

现实中，每个单位针对自身工作特点出台了各项规章制度，对规范管理工作秩序起到了积极作用。然而，总有第一个怀有侥幸心理的人破坏它。如果是管理者破坏了规则，就为普通群众打开了一个"缺口"，群起效仿；如果是普通群众破坏了规则，而管理者不及时采取有力的惩处措施，别人就可能受到某些暗示性的纵容，久而久之，再完整的规章制度都将重蹈"破窗户"之覆辙。

执行时不忘细节

世界500强的中层管理者尤其关注执行问题，他们非常清楚，执行在于细节，执行的成效在于对细节的关注。

这样说起来也许有些笼统，我们以上海地铁为例，来看看细节的差别对于执行的影响。上海地铁一号线由德国人主持设计的，在我们这些外行人看上去，它并没有什么特别的地方。

后来，咱们国家要自己修建二号线，投入运营后，才发现，设计施工中的很多细节都被忽视了。结果，二号线运营成本不但远远高于一号线。最令人汗颜的传闻是，二号线至今仍未实现收支平衡。二者之间的差异就在于二号线忽略了下面所罗列的细节。

1. 三级台阶的作用

上海地区毗邻海洋，只比海平面高那么一点。降水丰富，特别是到夏天，雨水经常会淹没一些低洼处。德国的设计师在设计时，很注意这一点，所以地铁一号线的每一个室外出口都设计了三级台阶，要进入地铁口，必须踏上三级台阶，然后再往下进入地铁站。虽然只是区区三级台阶，然而在下雨天它却可以阻挡雨水倒灌，从而减轻地铁的防洪压力。不得不承认，德国人设计的细心，出乎人的意料，一号线内的那些防汛设施几乎从来没有动用过；而地铁二号线就因为缺了这几级看似平常的台阶，曾在大雨天被淹，造成巨大的经济损失。

2. 对出口转弯的作用没有理解

在一号线的地铁中，每一个地铁出口处，都有一个转弯的设计，很多人就不明白了，这是为什么呢？原来德国设计师根据地形、地势建造的转弯，大大减少了地铁站和外部的热量交换，从而减轻了空调的压力。以前市民很多人不知道这是怎么回事，还嘲笑这样做增加出入口的麻烦，增加了施工难度。而当二号线地铁投入使用后，人们才发现这一转弯的奥秘。我们可以仔细地想想，一条地铁增加点转弯出口，仅仅是一个简单的转弯出口，就省下了多少电，每天又省下了多少运营成本。

3. 一条装饰线让顾客更安全

我们都知道，当机车从隧道开来的时候，在等候地铁的人，如果距离机车太近，就会有一种扑面而来的压迫感，一种心悸感。在北京、广州地铁都发生过乘客掉下站台的危险事件。德国设计师们在设计上体现着“以人为本”的思想，在站台距离地铁轨道大约半米的地方，他们用金属装饰品铺在了地面，而且还用黑色的大理石把站台边嵌了一条黑边。这样一来，当乘客靠近站台的时候，就自觉不自觉地站在半米开外，等候地铁。不但安全，而且美观。可是，二号线的设计师们就没想到这一点。地面全部用同一色的瓷砖，乘客很可能忽视了自己已经靠近了轨道。地铁公司不得不安排专人来提醒乘客注意安全。

4. 不同的站台宽度给人的舒适感不同

在乘坐一号线的时候，特别是在上车的时候，由于站台设计宽阔，上下车都很方便，很少发生拥挤现象。而当你转入二号线后，就感到窄窄的站台，拥堵闷涩。尤其遇到上下班高峰期。在上海这种国际大都市，二号线站台显得非常拥挤。同时，丧失了在站台内做广告的收入。

5. 为什么省掉站台门

我们可以在一号线体会设计师的良苦用心，在站台的每处都设计了相应的站台门，车来打开，车走关上。这是为了让乘客免于掉下站台，同时也为了节省站台的热量，德方设计师可谓处处为人着想。而中方的施工单位可能是时间紧迫从而“节省成本”，居然没安装站台门，当然，更不可能理解德国设计师的用心了。

小小一个地铁就有如此多的细节需要掌握，那么执行一项耗资亿万计的建设工程，执行一项苦心论证的项目方案，执行一个规定呢？又有多少细节需要掌握，又有多少人真正努力去研究和思考这些细节呢？

任何事情完成都是由很多个细节组成的，战略的制定也不例外，因为它关系到最终的执行成效。要想使战略目标得以实现，必须做到从细节中来，到细节中去。

1. 前期做得越细，战略定位越准确

战略的本质其实就是判断、反思和各适其位。所谓“判断”和“反思”，其实就是每个战斗之前，对形势发展的估计与选择，以便做出最后决定的过程；“各适其位”其实就是对战略定下来以后，对各个环节的实施与运用的过程。那么，这个前期的过程，拆开来看，就是对每一个细节的关注。

兰德公司不仅是当今美国，也是世界上名声赫赫的策划研究，关系分析，决策咨询机构，一直是全球十大智慧库之首。在这个公司里面，职员有 1000 人左右，其中 500 人是各方面的专家。兰德公司影响和左右着美国政治、经济、军事、外交等一系列重大事件的决策。

1950 年，朝鲜战争爆发之初，就中国政府的态度问题，兰德公司集中了大量资金和人力加以研究，得出 7 个字的结论：“中国将出兵朝鲜”，作价 500 万美元（相当于一架最先进的战斗机价钱），卖给美国对华政策研究室。研究成果还附有 380 页的资料，详细分析了中国的国情，并断定：一旦中国出兵，美国将输掉这场战争。美国对华政策研究室的官员们认为兰德公司是在敲诈，是无稽之谈。

后来，从朝鲜战场回来的麦克阿瑟将军感慨：“我们最大的失误是舍得几百亿美元和数十万美国军人的生命，却吝啬一架战斗机的代价。”

事后，美国政府花了 200 万美元，买回了那份过时的报告。

“中国将出兵朝鲜”七个字，字字无价，那 380 页的资料是兰德公司研究了多少细节问题才总结出来的呢？

军事上的战略决策要从研究每个细节中来，商战中的战略决策也同样如此。

麦当劳在中国开到哪里，火到哪里，令中国餐饮界人士又是羡慕，又是嫉妒，可是我们有谁看到了它前期艰苦细致的市场调研工作呢？麦当劳进驻中国前，连续5年跟踪调查，内容包括中国消费者的经济收入的情况和消费方式的特点，提前四年在中国东北和北京市郊试种马铃薯，根据中国人的身高体形确定了最佳柜台、桌椅和尺寸，还从香港麦当劳空运成品到北京，进行口味试验和分析。开首家分店时，在北京选了5个地点反复论证、比较，最后麦当劳进军中国，一炮打响。这就是细节的魅力。我们中国哪个餐饮企业在开业之前做过如此深入的市场研究？

2. 再好的战略，也必须执行到每个细节上

事实上，中国绝不缺少雄韬伟略的战略家，缺少的是精益求精的执行者；绝不缺少各类规章、管理制度，缺少的是对规章制度不折不扣的执行。好的战略只有执行到每个细节上，才能发挥作用，也就是前面所说的“各适其位”。

海尔、联想为什么可以成为中国传统产业和科技产业的领头羊，就是因为他们的中层管理者、一般员工对公司的战略执行到位。

所以说，战略和战术、宏观和微观是相对的，战略一定要从细节中来，再回到细节中去；宏观一定要从微观中来，再回到微观中去。世界500强之所以成为竞争中的强者，就是因为对这些辩证关系分得清，而作为中坚力量的中层管理者更是处于战略与战术、宏观与微观的衔接处，他们对此较高的把握水平，是500强企业具有强大竞争力的重要一环。

那些优秀的企业之所以能够取得成功，很大程度上就在于对细节的重视。因为细节往往决定着企业的成败。细致入微地做好更小的细节方面的事情便能体现出管理者的与众不同。

管理优势的细节体现

在肯德基于20世纪90年代初进入上海后，上海新亚集团成立了荣华鸡快餐公司与其对抗。公司老总去肯德基考察一番后，自己配制了几种调料，做了油炸鸡，是当时荣华鸡的第一个产品：上面一个鸡腿，有国人比较喜欢吃的罗宋汤，还有一个上海人最喜欢吃的咸菜炒毛豆和一个酸辣菜。

成立于1991年12月28日的荣华鸡快餐公司，以其适合中国人口味和比肯德基更便宜的价格，受到了消费者的欢迎，刚成立的头两年，公司最高日营业额11.9万元，月平均营业额达150万元，两年累计营业额达1500万元，职工两年内发展到近300人。北京、天津、深圳等24个省市地区纷纷向荣华鸡发出邀请，欢迎“荣华鸡”落户他乡。新加坡、捷克等外面也要求“荣华鸡”飞出国门，把中华民族的烹饪文化在异国他乡开花结果。1994年，荣华鸡在北京开了第一家分店，并声称：“肯德基开到哪，我就开到哪！”

当荣华鸡扬起挑战“肯德基”大旗之时，一时间门庭若市，效益最好的黄浦店，一年就有300多万的利润。北到黑龙江，南到江西，都有红底白字“荣华鸡”的分店。在一些地段，荣华鸡的生意的确超过了洋鸡，让中式快餐着实扬眉吐气了一番。可是，随着时光的推移，“荣华鸡”在与肯德基的较量中逐渐落入下风，到了2000年，随着“荣华鸡”快餐店从北京安定门撤出，“荣华鸡”为期6年的闯荡京城的生涯，画上了一个不太圆满的句号，在与肯德基的大战中落荒而逃。

相反，与荣华鸡宣布撤出北京形成鲜明对比的是，2000 年当年，肯德基在中国的 23 个新的城市里就新增开了 85 家连锁店，并在北京正式宣布当年其在中国的连锁店第一次突破 400 家。它在全球的营业额更是惊人地达到了 220 亿美元，居世界餐饮业之首。

荣华鸡失败以后，创立荣华鸡的新亚集团的领导层对经营方式、竞争优势进行了一番反思。他们发现，说到竞争优势，产品只是一个表面现象，在产品背后有很多深层的管理方面的东西，肯德基的真正优势在于其产品背后的一套严格精细的管理制度。

肯德基在进货、制作、服务等所有环节中，每一个环节都有着严格的质量标准，并有着一套严格的规范，以保证这些标准得到一丝不苟的执行，包括配送系统的效率与质量、每种佐料搭配的精确（而不是大概）分量、切青菜与肉菜的先后顺序与刀刃粗细（而不是随心所欲）、烹煮时间的分秒限定（而不是任意更改）、清洁卫生的具体打扫流程与质量评价量化，乃至于点菜、换菜、结账、送客、遇到不同问题的文明规范用语、每日各环节差错检讨与评估等等上百道工序都有严格的规定。为了保证员工能够服务到位，肯德基对餐厅的服务员、餐厅经理到公司的管理人员，都要按其工作性质的要求，进行严格培训。例如，餐厅服务员新进公司时，每人平均有 200 小时的“新员工培训计划”，对加盟店的经理培训更是长达 20 周时间。餐厅经理人员不但要学习引导入门的分区管理手册，同时还要接受公司的高级知识技能培训。

现代文明赋予快餐的定义是工厂化、规模化、标准化、依托现代化管理的连锁体系。肯德基就是这些要求的产物，而包括荣华鸡在内的中式快餐，还远没有达到这种要求。因为中式快餐的厨师都是手工化操作，食品没办法根据标准进行批量化生产。因为没有标准化，食品的质量难以得到保证，比如肯德基规定它的鸡只能养到七星期，一定要杀，到第八星期虽然肉长得最多，但肉的质量就太老。而包括荣华鸡在内的所有中式快餐，恐怕就没有考虑到，或者即便考虑过也没有细致到这种份上。因为没有标准化，卫生状况、服务质量也难以得到保证，例如，当年荣华鸡的店员就曾当着顾客的面在柜台内用苍蝇拍打苍蝇，而盛着炒饭、鸡腿的柜台根本就不加遮盖。这些细节上的不注意正是荣华鸡在与肯德基的较量中败走麦城的原因。

肯德基的成功正是把细节标准化的产物。而中式快餐在这方面却做得相当不到位。中式快餐在规模化生产、营养成分的研究、食品的卫生状况、从业人员的健康和文化素质等，几乎每一个细节方面都无法与洋快餐相匹敌，中式快餐与洋快餐的较量结果自然分明。

振臂一呼，高举“振兴民族快餐”的大旗，确实使荣华鸡等一些中式快餐店一夜扬名。但振兴民族的经济绝非喊几句口号就能济事，它需要一种科学的精神和踏踏实实把细节做透的态度。

细节成就伟大

台湾首富王永庆就是在细节中找到了成功机会的人。

1932 年，16 岁的王永庆从老家来到嘉义开一家米店。当时，小小的嘉义已有米店近 30 家，竞争非常激烈。当时仅有 200 元资金的王永庆，只能在一条偏僻的巷子里承租一个很小的铺面。他的米店开办最晚，规模最小，更谈不上知名度了，没有任何优势。在新开张的那段日子里，生意冷冷清清，门可罗雀。

王永庆感觉到要想米店在市场上立足，自己就必须有一些别人没做到或做不到的优势才行。仔细思考之后，王永庆很快从提高米的质量和服务上找到了突破口。

20 世纪 30 年代的台湾，农村还处在手工作业状态，稻谷收割与加工的技术很落后，稻谷收割后都是铺放在马路上晒干，然后脱粒，沙子、小石子之类的杂物很容易掺杂在里面。用户在做米饭之前，都要经过一道淘米的程序，用起来很多不便，但买卖双方对此都习以为常，见怪不怪。

王永庆却从这一司空见惯的现象中找到了切入点。他带领两个弟弟一齐动手，不辞辛苦，不怕麻烦，一点一点地将夹杂在米里的秕糠、砂石之类的杂物拣出来，然后再出售。这样，王永庆米店卖的米质量就要高一个档次，因而深受顾客好评，米店的生意也日渐红火起来。

在提高米质见到效果的同时，王永庆在服务上也更进一步。当时，用户都是自己前来买米，自己运送回家。这对于年轻人来说不算什么，但对于一些上了年纪的老年人，就是一个大大的不便了；而当时年轻人整天忙于生计，且工作时间很长，不方便前来买米，买米的任务只能由老年人来承担。王永庆注意到这一点，于是超出常规，主动送货上门。这一方便顾客的服务措施，大受顾客欢迎。

当时还没有送货上门一说，增加这一服务项目等于是一项创举。即使是在今天，送货上门充其量是将货物送到客户家里并根据需要放到相应的位置，就算完事。那么，王永庆是怎样做的呢？

每次给新顾客送米，王永庆就细心记下这户人家米缸的容量，并且问明这家有多少人吃饭，有多少大人、多少小孩，每人饭量如何，据此估计该户人家下次买米的大概时间，记在本子上。到时候，不等顾客上门，他就主动将相应数量的米送到客户家里。

王永庆给顾客送米，还要帮人家将米倒进米缸里。如果米缸里还有米，他就将旧米倒出来，将米缸擦干净，然后将新米倒进去，将旧米放在上层，这样，陈米就不至于因存放过久而变质。王永庆这一精细的服务令不少顾客深受感动，赢得了很多顾客。

在送米的过程中，王永庆还了解到，当地居民大多数家庭都以打工为生，生活并不富裕，许多家庭还未到发薪日，就已经囊中羞涩。由于王永庆是主动送货上门的，要货到收款，有时碰上顾客手头紧，一时拿不出钱的，会弄得大家很尴尬。为解决这一问题，王永庆采取按时送米，不即时收钱，而是约定到发薪之日再上门收钱的办法，极大地方便了顾客。

王永庆精细、务实的服务方法，使嘉义人都知道在米市马路尽头的巷子里，有一个卖好米并送货上门的王永庆。有了知名度后，王永庆的生意很快红火起来。这样，经过一年多的资金积累和客户积累，王永庆便自己办个碾米厂，在离最繁华热闹的街道不远的临街处租了一处比原来大好几倍的房子，临街的一面用来做铺面，里间用作碾米厂。就这样，王永庆从小小的米店生意开始了他后来问鼎台湾首富的事业。

每个人都期望自己成为伟大的人，企业也希望能够做大做强。殊不知这伟大和强盛的背后是由无数个细节积累起来的。台湾首富王永庆的成功便是很好的例证。但人们总是不愿顾及这些背后的细节，他们只看到了辉煌的表象，而那些深层次的问题他们都不愿去深究。其实，“不积跬步，无以至千里”。任何事物都不是由一个很小的状态一下子变得很大的。

只有认真做好每一个小的细节，伟大才会在你面前闪耀。

追求细节的尽善尽美

奔驰车有目前的声誉，全在于每个职工在每一个微小细节处的工作态度都极为严肃认真，这是奔驰车获得成功的真正“秘诀”。

奔驰厂对产品的每一个部件的制造都一丝不苟，有时可以说到了吹毛求疵的地步。在判断一辆汽车时，人们首先注意的恐怕是它的外观、性能，而很少注意它的座位，但即使在这个极少惹人注意的部位，奔驰厂也极为认真。座位的纺织面料用的羊毛是专门从新西兰进口的，其粗细必须在23—25微米之间，细的用来织高档车的座位面料，柔软舒适；粗的用来织中低档车的座位面料，结实耐用。纺织时，根据各种面料的要求不同，还要掺入从中国进口的真丝和印度进口的羊绒，制皮面座位要先选好皮子。据说，他们曾到世界各地进行考察、选择，最后认为德国地区的公牛皮质量最好。确定了供应点之后，奔驰要求在饲养过程中防止牛出现外伤和寄生虫，保持良好的卫生状况，以保证牛皮不受伤害。一张6平方米的牛皮，奔驰厂只用一半，因为肚皮太薄，颈皮太皱，而脚皮又太窄。此后的制作、染色都有专门的技术人员负责，直到座椅制成，最后还要由1名工人用红外线照射器把皮椅上的皱纹熨平。看来，为了保持名牌，奔驰厂可以说是不惜工本。从制作座椅的这种认真精神可以推想到对主要机件的加工该是如何精细了。

凡是参观过奔驰厂的人都会得出一种印象，即车间里干净整洁，有条不紊，即使是一颗小小的螺丝钉，在组装到车上前，也要先经过检查，每一个组装阶段都有检查，最后经专门技师检查签字，车辆才能开出生产线，许多笨重的劳动如焊接、安装发动机和挡风玻璃等都采用了机器人，从而保证了质量的统一。

为了保证产品的高贵品质，奔驰公司的检查制度是十分严格的。公司下属的辛德尔芬根本分厂，日组装汽车1600辆。该厂搞生产的3.4万名职工中，有七分之一的人员是进行质量控制检验的。检查部件的人员有1300余名，他们负责检查协作关系的26万家厂商提供的零部件，如厂外提供的零件一箱里有一个不合格的，就把这箱零件全部退回，该厂生产的引擎要经过42道关卡检验，连油漆箱有划痕，都必须全部返工。

此外，每一个班组都有人员负责质量检查，最后还有人负责总检查。厂里有定期质量抽查制度，由董事会、车间代表和技术人员组成的检查小组，每隔14天对9个单位进行检查，遇上问题就地解决。在一辆奔驰汽车的制造过程中，大约有5%～10%的汽车零件是从别家公司购买的，其余都是自己的分公司按指定的设计、原材料、生产规格的详细范本制造。

奔驰车向来以品质卓越著称。从其对待座椅这样极少惹人注意的部位的态度来看确实非同一般。在大家都能把大的方面做得很好，基本上显现不出个体的差异时，将工作更深一步，细致入微地做好更小的细节方面的事情便能体现出你的与众不同。奔驰对汽车精益求精、尽善尽美的态度可赞可敬。

细节中体现人的素质

汪总是一家涂料公司的 CEO，他对于细节方面的问题非常看重。他讲了发生在他身边的这样两个故事：

在我做 CEO 的 LP 涂料公司，有一位主管会计，平时干活还算麻利，但当我去她的办公室时，发现她的桌子上乱作一团。我当时并没有批评她，当我第二次、第三次去她办公室时，看到她的桌上依然如故。我直觉判断：这个人不适合做主管会计。果然，干了七个月后事实证明，这个人确实不行，我只好给她换了一个岗位。

我们公司用人的时候，的确很注意干部和员工的“小节”问题。去年，我们公司招聘来一位很有才气的部门经理，按照公司的设想，本打算把他培养成公司的副总，但一件“小事”让我放弃了这种想法。有一次，我们公司七个人的管理团队到郑州建样板市场，当我们下飞机后，其余六个人都提着办公用品等行李，而这位经理却空手而去；二周后我们离开郑州返回时，其余六人还都是大包小裹的，他依然是空手而行。从这件事上，我判断出此人不能重用。第一次没提行李，可以用大意或疏忽来解释，而一再发生此事，只能说明这样的干部要么没有团队精神，不善合作；要么是很自私的人，没有责任感。

当然，我们用人是有标准的，平时一些不经意的小事，并不是用标准能衡量出来的，但它却能反映出一个人真实的东西。

很多人都有扫天下而不事一屋的心理，他们往往愿意做大事而对这些小节问题不屑一顾。实质上这是极其错误的理论。作为一名管理者，你首先应注意你自己，因为你在很多时候就是公司的形象。展示完美的自己很难，需要每一个细节都完善，但毁坏自己很容易，只要一个细节没注意到，就会给自己带来难以挽回的影响。

而对于员工的问题也应及时纠正，提高员工的素质是你应尽的义务，而且这也有助于提升公司的竞争力。

一些不经意中流露出来的“小节”往往能反映一个人深层次的素质。时刻会有人注意你，马虎不得。

八、以员工为友，员工才能以团队为家

领导，就是影响他人合作从而实现目标的一种身份。对员工卓有成效的管理，必须靠管理者的无形感召力来实现。正所谓“桃李不言，下自成蹊”，赢得了众人的尊敬与信服之后，你会发现，管好员工其实并不是一件很难的事。只有你真正与员工成为了朋友，员工才能以团队为家。

管理者的欣赏是员工进步的最大动力

有一则故事很能说明欣赏的力量。当年，俄国著名作家屠格涅夫因为欣赏一篇题为《童年》的小说，便四处打听小说的作者，并鲜明表达自己的肯定与欣赏之意。小说的作者由于得到前辈的肯定与欣赏，受到了极大激励，于是一发而不可收地投入到文学创作中去，最终成为享誉世界的文坛巨擘。这个人就是伟大的文学家列夫·托尔斯泰。

欣赏的推动作用是无穷的，这就是“詹姆斯定律”的核心内容。这一定律是由美国哲学家威廉·詹姆斯提出的。他说过这样的话：“渴望得到别人的认可和赞赏，是人类埋藏最深的本性。”

人作为社会关系的总和，在认识和改造客观世界的过程中也在认识和改造自己。同时，人作为万物之灵，有自己的思想、情感和需求。任何人在成长过程中，都需要得到别人的欣赏和认可。欣赏能够增添动力，激发活力。得到他人欣赏，就是得到了一种肯定和激励，得到了一种慰藉和力量。懂得欣赏他人，就是知道尊重和关爱他人，知道看到他人的长处。

“詹姆斯定律”的基础在于每一个人的心中都有渴望获得别人认可的愿望。当被别人欣赏和认可某一方面之后，就会从内心自发地认为这是自己的优点，在这一方面就会觉得得心应手，游刃有余，提高与进步也会比别人迅速。

微软的总裁比尔·盖茨没等到大学毕业，就离开了学校，开始了创业。在短短20年的时间里，他集聚的私人财富就超过了世界上最贫穷的38个国家的国民生产总值。人们常说，推动摇篮的手，推动了整个世界；

每一位杰出人物的身后，都有一位杰出的母亲。1975 年，比尔·盖茨在哈佛大学读二年级的时候，在母亲节的那一天，他用斜体英文在贺卡上写下了一段话，“我爱您！妈妈，您从来不说我比别的孩子差；您总是在我干的事情中，不断寻找值得赞许的地方；我怀念和您在一起的所有时光。”原来，这位大器早成、独步天下的亿万富翁，从他母亲那儿得到了一份被许多母亲忽视了的珍贵礼物——欣赏。欣赏是一种喜欢，一种陶冶，一种提高，一种收获。欣赏的本质是热爱。母亲欣赏孩子，就像欣赏心中的太阳，收获的是灿烂；老师欣赏学生，就像欣赏园中的花朵，收获的是绚丽；将领欣赏士兵，就像欣赏猛虎下山冈，收获的是英勇；领导欣赏下属，就像欣赏优秀的兄弟，收获的是尽心竭力。

欣赏和赞美甚至会将缺点转化为优点。人们总是有掩盖自己缺点的心理，因此在面对自己的劣势时通常会不战而逃，信心全无。而他人此时适当的激励与赞赏则会给他莫大的勇气，是使他坚持的支柱，提高的动力。在不断的坚持中劣势转化成了优势，缺点变成了优点，自信心也会逐渐建立。如果这份赞美是来自管理者，那么相信他前进的动力与勇气会更加充足。

不要让一颗老鼠屎坏了一锅汤

如果以业绩为纵坐标、以价值观为横坐标，我们可以将企业员工分为四大部分，五类人。

（1）牛。一般企业中大部分员工都属这类。他们拼命做事，干劲十足，无论业绩或价值观，“牛”都是中坚分子。

（2）明星。业绩高，替企业干出成绩的，同时价值观亦完全配合企业精神。

（3）小白兔。这批人价值观极度符合企业精神，可惜业绩差。

（4）狗。业绩差而价值观也差。

（5）野狗。业绩特别卓越，但是其价值观彻底与企业相悖，亦即完全不遵循企业的游戏规则。

对于白兔类的员工，可给予他们两至三次机会，尝试培训及提升他们。白兔之中，有的很可能发展成“牛”，甚至是将来的“明星”。但若他们的业绩依然停滞不前，就应当狠下心肠，不能仁慈，立即开刀解雇，否则，他们将会成为企业负担，对“明星”及“牛”也不公平。

狗类员工，既无业绩，价值观又与企业精神相悖，自然应该马上炒掉。因为碍于野狗类员工卓越的业绩而纵容他们，对于企业来说则是非常危险的。比如说，有的销售员业绩非常高，但经常抢单，甚至贿赂，价值观与企业完全相悖，纵使他们可以把客户带来，他们同样也可以把客户全部带走，给企业造成无可挽救的恶果。这种人最危险，最要防范。决不能手下留情，应把“野狗”公开“枪毙”，让企业上下有所警戒，不能蓄意逾越游戏规则。管理者千万不要被短暂的效益蒙蔽，为了企业的长远发展，野狗不能不除。

开除“野狗”，正是因为不能让一颗老鼠屎坏了一锅汤，也正是“酒和污水定律”的核心内容：如果把一匙酒倒进一桶污水中，你得到的是一桶污水；如果把一匙污水倒进一桶酒中，你得到的还是一桶污水。

日本伊藤洋货行中的岸信一雄是个经营奇才，但他居功自傲，不守纪律，屡教不改，老板最终还是下决心将其解雇，以一儆百，维持企业的秩序和纪律。

伊藤洋货行的董事长伊藤雅俊突然解雇了战功赫赫的岸信一雄，在日本商界引起了不小的震动，就连舆论界也以轻蔑尖刻的口吻批评伊藤。

人们都为岸信一雄打抱不平，指责伊藤过河拆桥，将三顾茅庐请来的一雄解雇掉，是因为他的“油”给全部榨完了，已没有什么可利用的价值了。

在舆论的猛烈攻击下，伊藤雅俊却理直气壮地反驳道：“秩序和纪律是我的企业的生命，不守纪律的人一定要处以重罚，即使会因此减低战斗力也在所不惜。”

是什么原因让伊藤雅俊如此坚决地解雇掉岸信一雄这位有功之臣呢？

事情还要从十几年前说起：

岸信一雄是由“东食公司”跳槽到伊藤洋货行的。伊藤洋货行是以从事衣料买卖起家，食品部门比较弱，因此从“东食公司”挖来一雄。“东食”是三井企业的食品公司，对食品业的经营有比较丰富的经验，于是有能力、有干劲的一雄来到伊藤洋货行，宛如是为伊藤洋货行注入了一剂催化剂。

一雄的表现果然非凡，十几年间将业绩提升数十倍，使得伊藤洋货行的食品部门呈现一片繁荣的景象。

从一开始，一雄和伊藤间的工作态度和对经营销售方面的观念即呈现极大的不同，随着岁月的流逝，裂痕越来越深。一雄是属于新潮型，非常重视对外开拓，善于交际，对部下也放任自流，这和伊藤的管理方式迥然不同。

伊藤是走传统、保守的路线，一切以顾客为先，不太与批发商、零售商们交际、应酬，对员工的要求十分严格，要他们彻底发挥他们的能力，以严密的组织作为经营的基础。伊藤当然无法接受一雄的豪迈粗犷的做法，伊藤因此要求一雄改善工作态度，按照伊藤洋货行的经营方法去做。

但是一雄根本不加以理会，依然按照自己的做法去做，而且业绩依然达到水准以上，甚至有飞跃性的增长。这样充满自信的一雄，就更不肯修正自己的做法了。他说："一切都这么好，证明这路线没错，为什么要改?"

为此，双方意见的分歧越来越严重，终于到了不可收拾的地步，伊藤只好下定决心将一雄解雇。

这件事情不单是人情的问题，而是关系到整个企业的存亡问题。对于最重视秩序、纪律的伊藤而言，食品部门的业绩固然持续上升，但是他却无法容忍"治外法权"如此持续下去，因为这样是会毁掉过去已辛苦建立的企业体制和组织基础的。

从企业的发展大局来看待这一事情，伊藤的做法是正确的，严明纪律的确是不容忽视的。

几乎在任何组织里，都存在几个难摆弄的人物，他们存在的目的似乎就是为了把事情搞糟。他们到处搬弄是非，传播流言、破坏组织内部的和谐。最糟糕的是，他们像果箱里的烂苹果，如果你不及时处理，它会迅速传染，把果箱里其他苹果也弄烂，"烂苹果"的可怕之处在于它那惊人的破坏力。一个正直能干的人进入一个混乱的部门可能会被吞没，而一个无德无才者能很快将一个高效的部门变成一盘散沙。组织系统往往是脆弱的，是建立在相互理解、妥协和容忍的基础上的，它很容易被侵害、被毒化。破坏者能力非凡的另一个重要原因在于，破坏总比建设容易。一个能工巧匠花费时日精心制作的陶瓷器，一头驴子一秒钟就能毁掉它。即使拥有再多的能工巧匠，也不会有像样的工作成果。可见，团队的精神是多么可贵了，一个优秀的团队意味着每一名成员都是优秀的，其一言一行都代表着这个团队的形象。

人都有渴望被赞誉和认可的心理需求，这是人性的特点，这种特点会根据个人性格而表现出强弱程度不同。但有的人会因全局关系需要合作而克制自己的心理需求，有的人却表现得更加强烈，表现得更加强烈的人会形成个人英雄主义，这种人会对合作对象形成排挤，往往会导致人与人之间的合作形成断层，还会造成分崩离析，影响全局。

所以说团队精神的培育不是一句口号，一个形式，而是一项大工程。有人说团队精神在企业提倡是一个规章制度问题，在社会上提倡是一个道德问题，在家庭中提倡是一个伦理问题，在学校提倡是一个纪律问题，这说明企业要想弘扬团队精神必须要有相应的条文规定和制度约束，而不仅仅是一句口号形式。并且要从上至下来贯彻执行公司的团队纪律规定，特别作为各部门的领头人要身体力行去倡导实践。

员工刘明，刚进公司时工作积极，能力较强，很快成了业务骨干。可是好景不长，一段时间以后，刘明的工作态度忽然发生了很大的转变，对部门的工作能推就推，即使接受了，也是应付了事。虽然他能力确实很强，可是态度消极，满腹牢骚，经常和上级争吵，成了一个令管理者头疼的问题员工。

发现这个问题后，公司针对刘明的转变进行了调查，原来起因是刘明以前的上级在离任之前，没有处理好刘明的休假补助问题，并在处理这个问题的过程中产生了一些误会，导致刘明认为公司对他不公，因此开始消极对待工作，造成了比较恶劣的影响。

考虑到刘明确实是个人才，找出原因后，公司寻找合适的机会，试图解开这个矛盾。正好此时公司一个基层管理岗位进行公开竞聘。这个岗位与刘明的能力很匹配，可是因为他平时的表现，大家都不看好他。在竞聘过程中，公司认为，对于刘明这样因为一时误会导致心态产生扭曲的问题员工，应给予更多的理解和宽容，从而能让他充分发挥自己的才能。最后，刘明成功竞聘上了这个基层管理岗位。一个更加积极努力的基层管理者又重新活跃在工作岗位上了。

有一些员工之所以成为问题员工，其实往往并非其本身的意愿，而是因为受到外部环境的影响，寻找发泄的途径。这个时候，假如管理者能给予更多的理解和关心，问题员工往往能自行解决问题，成为一名优秀的员工。

在管理中，对于刘明这样的问题员工，绝不能听之任之，否则对团队造成的伤害将是其业绩所无法弥补的，但也不能简单地开除了事。一名合格的管理者应该认真分析员工出现问题的根源，找到适当的解决方案。

打造协作型团队发挥人力资源最大效益

相互合作才有高效，但合作并不一定都能发挥人力资源最大效益。那么如何进行有效合作，形成一种团队精神，以达到整体效益大于部分之和的效果呢？答案是协作。马克思论述分工和协作的时候，提出“协作力”这种概念。这种“协作力”，实际上就是一种团队精神。

在专业分工越来越细、市场竞争越来越激烈的前提下，单打独斗的时代已经过去，合作变得越来越重要。有人说，企业竞争的实质是人才的竞争，实际上，更是团队的竞争。但是并不是所有的团队合作都能产生 1 + 1 > 2 的效果，只有有效合作才能使得团队的整体力量大于各个团队成员力量之和。所以，在现代企业团队建设中，打造一支“协作型团队”无疑是企业实现目标最有力的保障。

有一则故事说，有一个人去世了，天国的导游带着那个人去参观了天堂和地狱。那个人看到地狱与天堂一模一样。只是地狱的人比人间的人要瘦小很多，面黄肌瘦，骨瘦如柴，而天堂的人却个个红光满面，健壮如牛。到他们餐厅一看，也没有什么两样，相同的都是一口大锅，锅内是美味佳肴，每人手里使用的都是一米长的筷子。

那个人终于发现不同了，原来在地狱，用这么长的筷子夹菜，人人都无法把美味佳肴送到自己的嘴里，只好望着美味饿肚皮。而天堂的人却不像地狱的人那么自私，他们不用筷子往自己嘴里送食物，而是往对方嘴里送。于是你喂我，我喂你，大家都有饭吃。

这就是协作与不协作的区别。你不帮助别人，自然也得不到别人的帮助。而很多时候，帮助别人就是帮助自己。正所谓“送人玫瑰，手留余香”。

在自然界里，蚂蚁是随处可见的，有时一窝蚂蚁多达几万只，但每一个蚁窝只由一只蚁后（有时会多于一只）和若干工蚁、雄蚁及兵蚁共同组成，它们各司其职、分工明细。蚁后的任务是产卵、繁殖，同时受到工蚁的服侍；工蚁负责建造、觅食、运粮、育幼等；而雄蚁负责与蚁后繁殖后代；兵蚁则负责抵御外侵、保护家园。大家各尽所长、团结合作、配合默契，共赴成功。所以，现在“蚂蚁搬家及运食”的故事，经常被人们用于诠释齐心协力、团队合作的意义。

管理学大师彼得·杜拉克强调，企业最终的关键是“让员工众志成城，调动员工的积极性与潜能，为企业创造绩效”。因此，建设高效的团队尤其显得重要。那么作为一个领导者，如何才能在最短的时间内创建一支高效团队呢？下面一些成功领导的经验之谈，也许对你会有所帮助。

1. 营造一种支持性的人力资源环境

为了创建一支高绩效的团队，管理层应该努力营造一种支持性的人力资源环境，包括：倡导成员多为集体考虑问题，留下足够多的时间供大家交流，以及对成员取得成绩的能力表示信心。这些支持性的做法帮助组织向团队合作迈出了必要的一步，因为这些步骤促进了更深一步的协调、信任和彼此之间的欣赏。管理者需要为此架构一种良好的沟通平台。

2. 让团队成员都充分了解共同的目标和愿景

成功的领导者往往都主张以目标为导向的团队合作，目标在于获得非凡的成就。他们对于自己和群体的目标，永远十分清楚，他们深知在描绘目标和愿景的过程中，让每位伙伴共同参与的重要性。因此，好的领导者会向他的追随者指出明确的方向，他会经常同他的成员一起确立团队的目标，并竭尽所能设法使每个人都清楚地了解并得到认同，进而获得成员的承诺并献身于共同目标之上。

因此，团队的目标和愿景不是由领导者一个人决定，而是由团队内的成员共同合作产生时，就可以使所有的成员具有强烈的认同感、成就感，大家会从内心深处认定：这是“我们的”目标和愿景。

3. 让每一位成员都明白自己的角色、责任和任务

成功团队的每一位伙伴都清晰地了解个人所扮演的角色是什么，知道个人的行动对目标的达成会产生什么样的影响。他们不会刻意逃避责任，不会推诿分内之事，知道在团体中该做些什么。

大家在分工共事之际，非常容易建立彼此间的期待和依赖。大家觉得唇齿相依，生死与共，认为团队的成败荣辱，每个“我”起着非常重要的作用。

4. 设定具有挑战性的团队目标

主管人员的职责是激励整个团队向总体目标努力，而不是强调个人的工作量。如果做得好，一位劳动模范也许会起到领头羊的作用；然而在不同的工作环境下，这种做法却很可能打击团队的合作。

正确的做法是，为团队设定一个具有挑战性的目标，并不断激发每一位成员的团队协作精神。当人们意识到，只有所有成员全力以赴才能实现这个目标时，这种目标就会集中员工的注意力，一些内部的小矛盾也就往往消弭于无形了。此时，如果还有人自私自利，其他人就会谴责他不顾大局。这样，就能形成更加紧密团结的团队。

5. 鼓励成员主动为团队目标的决策献计献策

现在有数不清的组织风行“参与管理”。领导者如果真的希望做事有成效，就会倾向参与式领导，他们相信这种做法能够确实满足“有参与就受到尊重”的人性心理。

成功团队的成员身上总是散发出挡不住的参与热潮，他们相当积极、相当主动，一得到机会就积极参与。

化妆品公司创办人玛丽·凯说过：“一位有效率的经理人会在计划的构思阶段，就让员工参与。我认为让员工参与对他们有直接影响的决策是很重要的，所以，我总是甘愿冒着时间损失的风险，如果希望员工全都支持你，你就必须让他们参与，愈早愈好。”

不过这里要说明的是，团队中成员的“参与”是自主、自动参与，这样的参与比以往的领导带领下的“参与管理”更有效、更激励人心。

6. 引导和推动成员间彼此相互信任

真心地相互信任、支持是团队合作的沃土。李克特曾花了好几年的时间深入研究参与式组织，他发现参与式组织的一项特质：管理阶层信任员工，员工也相信领导，信心和信任在组织上下到处可见。

近年来发现众多的获胜团队，其领导者都全力研究如何培养上下平行间的信任感，从而使组织保持高昂的士气。

7. 倡导成员间真诚倾听彼此的建议

国际知名的管理顾问肯尼斯·布兰查德在其设计的高绩效团队评分法第十一项中指出："成员会积极主动倾听别人的意见，不同的意见和观点才会受到重视。"正是如此，在一个高效团队里，成员发表意见或提出建议时，其他成员都会真诚地倾听他所说的每一句话。有位团队负责人说："我努力塑造成员们相互尊重、善于倾听其他伙伴表达意见的企业文化，在我的单位里，我拥有一群心胸开阔的伙伴，他们都真心愿意知道其他伙伴的想法。他们展现出其他单位无法相提并论的倾听风度和技巧，真是令人兴奋不已！"

8. 鼓励成员自由表达自己的感受和意见

好的领导人，经常率先信赖自己的伙伴，并支持他们全力以赴。当然他还必须以身作则，在言行举止之间表示出信赖感，这样才能使成员间相互信赖、真诚相待。

成功团队的领导人都会极力提供给所有成员双向沟通的舞台。每个人都可以自由自在、公开、诚实地表达自己的观点，不论这个观点看起来是多么离谱。因为，他们知道许多伟大的设想，在第一次提出时几乎都是被冷嘲热讽的。当然，每个人也可以无拘无束地表达个人的感受，无论是喜怒哀乐。一个高绩效的团队成员都能了解并感谢彼此都能够"做真诚的自己"。

总之，群策群力，有赖于大伙儿保持真诚的双向沟通，这样才能使组织表现力臻于完美。

9. 在团队内部创造彼此认可与赞美的氛围

"我觉得自己能经常受到别人的赞赏和支持。"这是高绩效团队的主要特征之一，团队里的成员对于参与团队的活动感到兴奋不已，因为，每一个人会在各种场合里不断听到这些话："我认为你一定可以做到!""你是最好的！你是最棒的!""我要谢谢你！你做得很好!""你是我们的灵魂！不能没有你!"这些赞美、认同的话提供了大家所需要的强心剂，提高了大家的自尊、自信，并驱使大家愿意携手同心。

在这个竞争日益激烈的时代，一个企业仅仅提高员工的个人能力而没有有效的团队合作、生生不息的团队精神，已经没有生命力了，团队精神才是一个企业真正的核心竞争力。因此，强化团队精神是现代企业领导必须重视的问题。

让每个人都付出150%的努力

过去，通用电气公司和现在很多大企业一样，每年也要做预算——“去年市场占有率是5.1%，今年要力争达到6.3%”。而在韦尔奇看来，预算计划做到百分之零点几，一点意义也没有。

回顾当年的情形，韦尔奇这样说：“在一个无边界和壁垒、并且讲求速度的组织中，谈小数点后的增长数字毫无意义。这些小数点后的数字丝毫不能激发人们的激情，也谈不上任何的挑战，更不能挖掘人们的想象力和创造性……现在，我们开始奖励他们在远大的目标下所取得的进步，而不是每次压迫式地增加一星半点的指标和任务。设定目标、超越目标，似乎已经成为日常发生的事情……在无边界和壁垒的组织中，在速度的驱动下，在远大目标的感召下，人们似乎具有了某种无穷的力量，不断完善每一件事情。”

韦尔奇认为，预算制度最终就是一个毫无指导意义的妥协：比如下级汇报，今年能达到8%的增长率，而老板说根据股东的要求，必须达到18%，然后讨价还价，最后是12%，大家都高兴。这种预算制度纯粹是官僚体制的产物，韦尔奇认为预算应该能够激励员工，给大家方向。

韦尔奇常为下属设定看似高不可及的目标，以此激发员工的潜能。他经常把下属的预算目标乘以2，甚至乘以3，他认为只有卓越的目标才具有挑战性，才能使大家为之一振，才能让每个人都付出150%的努力。

在这种背景下，韦尔奇认为要付出150%的努力——你的目标是达到

100 万产值，公司给你压到 200 万。

这种做法实际很不容易贯彻，一开始下属都讨价还价，韦尔奇认为讨价还价没有意义——你就试着做，做不成再说。而结果是，大多数企业经过努力真的能够实现这个目标。通过用这种办法激发员工的积极性，韦尔奇获得了很大的成功。

对于做不到的企业，韦尔奇通常要认真分析。如果他确实努力了，也有很多创新，韦尔奇也为他庆贺嘉奖。

韦尔奇认为：最大限度挖掘员工潜能的关键就在于制定高标准的业绩目标，因此，“追求卓越”经营战略的第一步，便是在公司的能力范围之内，计算出可达到的、合理的业绩目标。

第二步，也是最为关键的一步，是设定尽可能高标准的目标，这些目标看起来似乎很难实现，需要付出极大的努力才有达到的可能。对此，韦尔奇解释说：“我们发现，只要我们敢于朝着那些看似不可能的目标不懈努力，我们最终往往如愿以偿。哪怕我们最后没有实现这一目标，我们也会发现，最终的结果肯定远比我们预想的要好得多。”

韦尔奇认为，勇于尝试和不断“追求卓越”的心态在人们做事情的过程中起着很重要的作用。因为只有这样，过去那种为了少背指标、多拿预算而讨价还价的现象才能够完全消失，管理层也将因此赢得更多的时间和空间来考虑公司的长远发展目标。

用克劳顿村主任史蒂夫·科尔的话来说，韦尔奇“追求卓越”的经营战略似乎有悖传统的管理哲学思想，因为一般人都认为，如果把目标定得过高，最后的结果将会比把目标定得稍低时还要令人失望。然而，韦尔奇“追求卓越”的计划却取得了举世瞩目的成绩。

在韦尔奇提出“追求卓越”理念的早期，他往往给成员压担子，后来他发现，这种做法有一定的局限性。例如，为了实现卓越的目标，下属会萌发一些冒险的念头，比如冒险收购一家公司，把产品的价格降低到不可思议的水平，等等。这时候韦尔奇发现，不能光追求目标的卓越，过程也要卓越。

所以，在20世纪90年代初期，韦尔奇刚开始推行他的“追求卓越”经营战略的时候，他更关注财务目标的不断超越。而到了20世纪90年代末期，韦尔奇的注意力则转移到了工作流程上。

“如果没有良好的工作流程，我们将无法保证目标的实现。现在的重点将放在工作流程的改进和完善方面，例如，在2000年年底，使GE成为一个全面贯彻六西格玛质量体系的公司。我们相信，只要我们改进了工作流程，我们必定能够实现那些高标准的目标，并不辜负华尔街的期望。”

在具体的实施过程中，韦尔奇有时会悄悄为某个部门设定卓越的目标；有时则是大张旗鼓地向所有人宣告新的高标准的目标。

在六西格玛质量战略刚开始提出的时候，韦尔奇决定，公司将在未来的5年之内，成为一个全面贯彻六西格玛质量体系的公司，这远比摩托罗拉公司为此所耗费的10年时间要短。5年之后的2000年春天，在韦尔奇公开出现的各种场合中，他从来不提六西格玛战略目标的具体实施情况。舆论界据此认为，GE六西格玛战略的实现尚需时日。然而，在韦尔奇看来，5年实现六西格玛质量体系的全面贯彻，绝对是个高标准的目标。不管成功与否，韦尔奇仍然非常高兴，因为员工们已经积极努力地为这个可望而不可即的目标付出了“卓越”的奋斗。

韦尔奇认为，“追求卓越”目标的思想很有意义，因为它将鞭策员工更加努力。即使他们最终没有实现这些目标，他们也会在这一超越自我的追求过程中学到足够多的东西，从而得到甚至超乎自己想象的结果。因此，韦尔奇强调，作为一名公司领导者，必须不断向员工灌输一种思想，即超越自我、追求卓越。

当然，在追求超越自我、追求卓越的过程中，也可能会有失败。但韦尔奇却坚信，最糟糕的结果也不过是失败而已。但是，在超越自我的过程中，在追求高标准业绩目标的道路上，GE所得到的，将比在低水准的要求下所获得的要多得多。

IBM的卓越观，是自1914开始创始人沃森就定下的基本理念之一，追求卓越是IBM过去近100年中，每一个员工做事情的态度。“卓越是一条路，你要永远在路上走，永远不能停下来，因为一停下来就开始变成平淡了。”

在20世纪60年代和20世纪90年代，为应对巨大的市场竞争和客户需求，IBM历史上分别经历了两次重大的转型，这两次转变令IBM将自己的竞争对手远远抛在后面。

20世纪60年代，IBM在老沃森的领导下取得了令世人瞩目的成就。与同类产业相比，无论是技术、市场、经营、经验、资金，IBM都成为可望而不可即的神话。与此同时，整个世界进入了技术革命风起云涌的时期。技术革命导致了传统企业向现代企业的全面转型，科学技术成为第一生产力。技术较量成为竞争胜负的决定性因素。小沃森对IBM的发展产生了危机感，他认为IBM处于一个可怕的停滞阶段。虽然公司在扩大，但速度已经放慢，小沃森敏锐地看到了问题出在技术开发上，看准了要开发IBM360系列这样的单一而富有挑战性的生产线。IBM360在软件开发上耗资5亿美元，这在当时是IBM有史以来最大的开支，IBM的财政空前窘迫，小沃森被迫售出3.7亿美元的股票以解燃眉之急。

情况终于出现了转机，IBM开始摆脱了生产的困境。1966年底，装配了8000台IBM360，公司的年收入超过40亿美元，税前纯利达10亿美元。由于IBM360的成功，IBM确立了在计算机领域技术领先的绝对地位。

进入20世纪90年代，欧美经济大萧条，加之IBM公司内部机构臃肿，官僚作风严重，1991年，公司破天荒出现了29亿美元的亏损。危机之时被委以重任的郭士纳对IBM公司的业务及战略进行了大调整，根据网络时代需求，明确提出：“IBM公司的一切经营将围绕着网络计算进行!”

郭士纳经营理念的战略核心是：IBM公司，就本质而言，应该成为一家专为客户解决问题的企业（Customer Solution Business）。根据网络世界的发展进程，尽管电脑硬件系统将会依然起着一定的作用，但是，电脑软件系统以及客户服务体系将会扮演日益重要的角色。

郭士纳及其同僚们的功绩在于：迅速扭转了公司的亏损局面，重新恢复了以客户为中心的方针，确定了以JAVA系统为基础的软件系统战略，使 IBM 公司从电脑硬件系统的生产厂家转化成一家集硬件系统、软件系统、客户服务为一体的全方位的网络计算产品公司；并以万维网为关键领域，使客户在多种选择的情况下，将原有的系统更新换代。也正是这些妙招，使得郭士纳赢得了“网络大师”的美誉。到目前为止，IBM 公司业已成为全世界最大的软件王国之一。软件系统产品年销售额已经高达 130 亿美元。

如此两次孤注一掷和大规模的调整，使得 IBM 在近一个世纪的漫长征程中，都以走在时代最前端的商业创新和永不停顿的技术创新而成为备受尊重的企业和管理典范。这种永不停顿的危机感和大胆的追求卓越的意识使得 IBM 勇立时代潮头。

被称为新工业之父的亨利·福特，年轻时在一家电灯公司当工人。有一天他突发奇想，产生了要设计一种新型引擎的意识，妻子对他的发明研究很支持，把家里的旧棚子腾出来，供他试用。福特每天下班回到家里，就专心作引擎的研究工作，在旧棚子里苦干了 3 个寒暑，这个异想天开的稀奇东西终于问世了。1893 年，亨利·福特和他的妻子乘坐着一辆没有马的马车，在大街上摇晃着前进，街上的人被这情景吓了一跳。从这一天起，这个对整个世界都产生深远影响的新工业，就在亨利·福特追求卓越的驱动下诞生了。

后来，亨利·福特决定制造著名的 V8 型汽车时，他要求工程师们在一个引擎上铸造 8 个完整的气缸。工程师们听了都直摇头说：“这不可能。”但工程师们谁都不愿失业，只好照着亨利·福特的命令去做。因为他们认为这是一件不可能的事，所以谁都没有把成功输入在自己的脑子里。6 个月过去了，研究毫无进展。于是福特决定另外挑选几个喜欢追求卓越、对研制 V8 型汽车有信心的人去完成。他坚信人一旦有了稳操胜券的心理，就有了希望。新挑选的几个工程师经过反复研究，忽然间，好像被一股神秘的力量“击中”，终于找到了制造 V8 型汽车的关键窍门。是什么令这 V8 型汽车从无到有？是什么令这“不可能”的计划奇迹般地成功？这就是追求卓越的无形力量在起作用。

任何一个企业的发展都是一个波浪式前进的过程，企业领导者的责任就是当它刚达到波峰时，设法去制造下一个波浪，激励员工团队攀登下一个波峰，不断实现新的突破。

人的潜能是无比巨大的。很多时候人们并不知道自己拥有怎样的潜能，能够实现多高的目标。但当他们必须去完成看似“不可能”完成的目标时，他们所有的潜力才能被发挥出来，而这个看似不可能完成的目标通常也能够实现。

协调组织与员工之间的矛盾

有七个人住在一起，每天共喝一桶粥，显然粥每天都不够。一开始，他们抓阄决定谁来分粥，每天轮一个。于是乎每周下来，他们只有一天是饱的，就是自己分粥的那一天。后来他们开始推选出一个道德高尚的人出来分粥。但强权就会产生腐败，大家开始挖空心思去讨好他，贿赂他，搞得整个小团体乌烟瘴气。然后大家开始组成三人的分粥委员会及四人的评选委员会，互相攻击扯皮下来，粥吃到嘴里全是凉的。最后想出来一个方法：轮流分粥，但分粥的人要等其他人都挑完后拿剩下的最后一碗。为了不让自己吃到最少的，每人都尽量分得平均，就算不平，也只能认了。大家快快乐乐，和和气气，日子越过越好。

由此可见，管理的真谛在“理”不在“管”。正因为公司会与员工之间存在矛盾，所以管理者的主要职责就是建立一个像“轮流分粥，分者后取”那样合理的游戏规则，让每个员工按照游戏规则自我管理。游戏规则要兼顾公司利益和个人利益，并且要让个人利益与公司整体利益统一起来。责任、权力和利益是管理平台的三根支柱，缺一不可。缺乏责任，公司就会产生腐败，进而衰退；缺乏权力，管理者的执行就变成废纸，一事无成；缺乏利益，员工就会积极性下降，消极怠工。只有管理者把“责、权、利”的平台搭建好，员工才能“八仙过海，各显其能”。

公司与员工之间存在的这种矛盾正是“不成熟—成熟定律”要解决的问题。这一定律是由美国著名的行为学家克里斯·阿吉里斯提出的，该定律认为：组织行为是由个人和正式组织融合而成的，组织中的个人作为一个健康的有机体，无可避免地要经历从不成熟到成熟的成长过程。在这个成长过程中主要有以下 7 个方面的变化：

（1）从婴儿的被动状态发展到成人的主动状态。

（2）从婴儿的依赖他人发展为成人的相对独立。相对独立指在自立的同时又与其他人保持必要的依存关系。

（3）从婴儿有限的行为方式发展为成人多种多样的行为方式。

（4）从婴儿经常变化和肤浅、短暂的兴趣发展为成人相对持久、专一的兴趣。在这方面趋于成熟的标志是：成年人在遇到挑战时是专心致志从整体上深入研究某一问题的全部复杂性，并在自己的行动中得到很大的满足。

（5）从婴儿时期只顾及当前发展到成人时期有长远的打算。

（6）从婴儿时期在家庭或社会上属于从属地位发展为成年人与周围的人处于基本平等的地位甚至支配他人的地位。

（7）从婴儿时期的缺乏自觉发展为成人的自觉自制。

然而对于一个正式组织而言，其传统的原则是众所周知的专业化分工、等级层次结构、集中统一领导等完全理性的纯逻辑化的原则。这些原则希望能消除独立于个人之间的性格差别给工作带来的影响（例如专业化分工），希望个人能够循规蹈矩，严格遵从组织的规章制度行事。可见，正式组织的这些原则所要求的是员工一直处于依赖、被动、从属的地位。阿吉里斯以这样的组织原则为前提，自然而然地得出结论：正式组织与成熟个性之间存在矛盾。

以上的矛盾在现实生活中常常表现为：员工频繁地离开组织；有些不择手段地往上爬；普遍产生对组织目标的漠视或抵触情绪，例如，精力不集中，侵犯他人，工作拈轻怕重、集体限制产量、对明显不利于组织目标实现的事件袖手旁观、极端重视物质利益等等。

成立于 1812 年的美国花旗银行，历经两个世纪的潜心开拓，已成为当今世界规模最大、声誉最响的全能金融集团。花旗之所以取得长盛不衰的奇迹，除了它始终奉行开拓创新的发展战略外，还和它卓越的企业文化所产生的“文化生产力”分不开。花旗的经验很值得我国金融业学习和借鉴。

以人为本：花旗银行自创业初始就确立了“以人为本”的战略，十分注重对人才的培养与使用。它的人力资源政策主要是不断创造出“事业留人、待遇留人、感情留人”的亲情化企业氛围，让员工与企业同步成长，让员工在花旗有“成就感”、“家园感”。花旗银行CEO森地威尔的年薪高达1.52亿美元，遥居美国CEO的前列；再以花旗银行上海分行为例，各职能部门均设有若干副经理职位，一般本科毕业的大学生工作3年即可提升为副经理，硕士研究生1年就可提升为副经理，收入则是我国同等“职级”的几倍甚至几十倍。

目前，我国金融业一方面要营造优厚的政策环境吸纳优秀人才，另一方面要努力提炼金融企业的核心价值观，让“为企业献身的精神成为行业主体的价值观”，积极推行“以激励机制为核心”的职业经理人制度、员工薪酬市场化与持股制度以及积极的期权制度，依靠制度激励人才。

由花旗银行的成功经验可以看出：良好的企业文化对于解决个体成长和企业发展之间的矛盾是至关重要的，它是管理者长期面对的挑战，管理者的任务之一就是努力减少各种不协调因素。

员工参与式管理有以下几种方法。

1. 订立公司目标时邀请员工参与

公司在设定整体目标的时候，最好邀请员工尤其是那些老员工也参与其中，可以把他们抽样组成一个小组来参与决策。公司最高的管理层，甚至董事在设定目标时都要认真听取他们的意见。因为员工处于公司的底层位置，他们反映的就是来自市场的最近距离的信息，这样能够有效避免公司高层脱离实际为员工强定目标，这是员工最反感的。

2. 设立员工意见箱

用一个大箱子或者是邮件的形式来收集传递员工的意见。这种形式是定期的，主要用来鼓励员工勇于发表自己的意见，以这种比较含蓄的方式会让员工备感轻松。同时，公司要对其中可行性很强、被采纳的建议给予重奖。

3. 邀请员工参加质量控制小组

质量控制小组就是用来负责控制公司质量的一个机构，这是一个经常性的质量管理小组。这个小组的成员包含公司的各个阶层，而普通员工更是不能或缺。

邀请员工参加质量控制小组会增强员工对公司考核结果的信赖感，并且有利于培养员工的主人翁意识，有利于员工改进工作。

4. 成立员工俱乐部

员工俱乐部为员工提供了承担管理任务的机会，是一项非常好的激励手段和培训手段。

让员工自己组成俱乐部，让他们尽情发挥个人所长，踊跃为自己的俱乐部献计献策。通过参与管理，可以帮助员工提升管理技能，为其赢得可能被提升的机会，同时通过这种形式的内部沟通也在一定程度上帮助员工做好职业生涯规划。

5. 邀请员工家属参与管理

参与式管理做到极致的时候甚至可以邀请员工家属来参与公司的管理，因为他们来自各行各业，尤其是对于直销公司而言，各行各业反馈来的信息是最准确、最有代表性的。

团体成员相互影响

大家也许在小时候就听过三个和尚的故事：当庙里有一个和尚时，他一切自己做主，做得很自在；当庙里有两个和尚时，他们通过协商可以自觉地进行分工合作，同样做得不错；可当庙里来了第三个和尚时，问题就出现了，谁也不服谁，谁也不愿意干，其结果就是大家都没水喝。

当读到这篇古老的寓言的时候，我们知道了团结的重要性。它所反映的问题就是：同样完成一个项目，缺乏团队协作的结果还不如个人独立工作或者作为合作双方订立契约。因为一个团队内部是不可能以契约形式作为彼此合作的前提。而现实的问题是，由于个人的能力有限，因而在实施一个项目时，必须建立一个由多人组成的项目组。这个项目组是否能够和谐地进行团队协作，将决定这个项目能否成功。

由此可知，在一个大的项目组中，建立起良好的团队协作至关重要。因而在一个项目的管理过程中，团队协作显然是不可忽略的重要环节。这就是团体力学理论的核心观点。这一理论是行为科学学派代表人之一库尔特·卢因于1944年提出的。团体力学所研究的团体指非正式组织。同正式组织一样，团体有三个要素：一是活动、二是相互影响、三是情绪。在这三项要素中，活动是指人们在日常工作、生活中的一切行为；相互影响是指人在组织中相互发生作用的行为。情绪是人们内在的，看不见的生理活动，如态度、情感、意见、信息，但可以从人的“情绪”和“相互影响”中推知其活动，相互影响和情绪不是各自孤立的，而是密切相关的。其中一项变动，会使其他要素发生改变。团体中各个成员的活动、相互影响和情绪的综合就构成团体行为。

卢因认为，除了正式组织的目标外，团体（非正式组织）还必须有它自己的目标来维护团体的存在，使团体持续地发挥作用。连续地、过度地追求正式组织的工作目标有损于团体行为的内聚力。所以，团体领导人必须为促进一定程度的团体和谐而提供相当的时间和手段。在团体内把感情上的压力发泄出来，从而有利于正式组织工作目标的实现。相互依赖水平高的团体，在意见和感情的交流上比较好，团体成员的满意度、激励效应和内聚力都较高。

工作团体效应对于组织行为学者来说，意义又是重大的。如果管理人员想借助团体的力量来强化士气，他们就必须提供衡量个人努力程度的手段，否则，管理人员就应该权衡一下团体可能带来的生产率的下降程度是否可以接受。另外，工作团体效应与文化背景有密切的关系。比如，像美国和加拿大这样的国家是由个人主义支配的个人主义主宰一切，工作团体效应比较突出。在个人主要受团体目标激励的集体主义支配社会里，这种结论就不一定适用了。

小王、小张和老李正围绕在刚生产出来的空调周围查找原因，为什么空调指示灯显示运转正常而空调却没有制冷的，这种空调是公司新开发的环保节能型空调，小王是生产线上的总装工人，小张是负责生产过程和工艺的生产工程师，老李是产品开发工程师，虽然三人在公司的角色和岗位职责不一样，但是，自这种环保节能型空调投入试生产以来，他们三人就一直在一起工作了。在面对问题时，三人并不气馁，他们对每一个环节进行仔细分析，查找问题产生的原因。结果，不但解决了这个问题，而且顺利地完成了公司新产品的试生产任务。

在这次团队协作配合中，三人都清楚地意识到，如果不是因为这次新产品的试生产任务，他们是很难在一起进行工作的，小王、小张和老李充分认识到各自的工作特点和能力大小，要达到团队工作目标，必须要打破传统部门分工的限制，紧密地围绕这次新产品试生产任务开展工作，使这个小小的团队高效地运转，最终完成团队的工作目标。

从这个案例我们可以知道，小王、小张和老李能够顺利完成团队任务，这表明其团队运作是有效的。高效团队表现在：团队整体运作所取得的工作成效通常大于单个人员取得的工作成效；团队可以有效地解决复杂的问题；团队工作可以激发人员的创造力；在团队中成员之间可以互相学习、互相取长补短；团队工作可以唤起人员的自省，令团队成员充满工作激情。

如何打造团队精神？

1. 营造相互信任的组织氛围

有一家知名银行，其管理者特别放权给自己的中层雇员，一个月尽管去花钱营销。有人担心那些人会乱花钱，可事实上，员工并没有乱花钱，反而维护了许多客户，其业绩成为业内的一面旗帜。相比之下，有些管理者，把钱看得很严，生怕别人乱花钱，自己却大手大脚，结果员工在暗中也想尽一切办法谋一己私利。还有一家经营环保材料的合资企业，总经理的办公室跟普通员工的一样，都在一个开放的大厅中，每个普通员工站起来都能看见总经理在做什么。员工出去购买日常办公用品时，除了正常报销之外，公司还额外付给一些辛苦费，这个举措杜绝了员工弄虚作假的行为。在这两个案例中，我们可以体会到相互信任对于组织中每个成员的影响，尤其会增加员工对组织的情感认可。从情感上相互信任，是一个组织最坚实的合作基础，能给员工一种安全感，员工才可能真正认同公司，把公司当成自己的，并以之作为个人发展的舞台。

2. 态度并不能决定一切

因为赢得利润不仅仅靠态度，更要依靠才能。那些重视态度的管理者一般都是权威感非常重的人，一旦有人挑战自己的权威，内心就不太舒服。所以，认为态度决定一切的管理者，首先要反思一下自己的用人态度，在评估一个人的能力时，是不是仅仅考虑了自己的情感需要而没有顾及员工的情感需求？是不是觉得自己的权威受到了人才的挑战不能从内心接受？

3. 在组织内慎用惩罚

从心理学的角度，如果要改变一个人的行为，有两种手段：惩罚和激励。惩罚导致行为退缩，是消极的、被动的，法律的内在机制就是惩罚。

激励是积极的、主动的，能持续提高效率。适度的惩罚有积极意义，过度惩罚是无效的，滥用惩罚的企业肯定不能长久。惩罚是对员工的否定，一个经常被否定的员工，有多少工作热情也会荡然无存。管理者的激励和肯定有利于促进员工对企业的正面认同，而管理者对于员工的频繁否定会让员工觉得自己对企业没有用，进而员工也会否定企业。

4. 建立有效的沟通机制

理解与信任不是一句空话，往往一个小误会给管理带来无尽的麻烦。因此，在管理者与员工之间建立起有效的沟通机制，能最大限度地增进彼此间的信任。

一个猛子扎进去，跟最基层员工在一起工作

“作为GE的董事长和CEO，最大的好处是什么？”

相信这个问题是很多人都想问韦尔奇的。然而韦尔奇的回答依然是一如既往地出人意料，他的答案只有两个字——“深潜”。

韦尔奇在自传中这样写道：

作为董事长有很多好处。

我最喜欢利用的好处之一就是可以挑选一个自己感兴趣的具体问题，然后对此作出自己的判断和结论，我称之为“深潜”。这实际上就是认准一项具有挑战性的工作让自己介入进去，因为你觉得自己可以给出与众不同的意见——那种看起来蛮有趣的意见——并把自己的职务地位抛到脑后。不过，有人会比较公正地将此称为“捣乱”。

我经常这样做——当然只是在公司范围内的每一个地方。

我总是跟着感觉走，感觉告诉我要介入的每一件事——从X射线管的质量，到大腕明星的出场介绍——我都介入。一旦决定介入，我就一个猛子扎下去开始“深潜”。我一直坚持这样做，直到我担任这项职务的最后几天。

韦尔奇的“深潜”，就是一个猛子扎进去，一直到最基层，跟最基层员工在一起工作。

“我经常这样做”、“我一直坚持这样做，直到我担任这项职务的最后

几天”……从自传中的字里行间，我们可以发现韦尔奇对“深潜”简直是乐此不疲。而从他后面的描述里，不少人也开始相信这是一种值得所有 CEO 都去做的“游戏”，不仅仅是因为这是 20 世纪最伟大的 CEO 喜欢做的事，更因为“深潜”为企业带来了胜利，极大的胜利。

韦尔奇在他登顶后的管理生涯中，还数以百计地做着“深潜”。这些“深潜”并不都很成功，而且他的许多想法也没有被采纳，但是他却乐此不疲。与员工们一起工作，一起思考，一起兴奋，一起展开激烈的辩论，使韦尔奇获得许多鲜活思想的同时，也获得了极大的满足和乐趣。实践中，如果他的想法被丢在一边，他会有更大的快乐：因为他又一次丰富了自己的认知，找到了更好的办法去完成一件工作。

韦尔奇通过一次次的“深潜”，识别提拔了一大批人才，捕捉把握了一系列商机。韦尔奇喜欢这些“深潜”带给他的兴奋感。

在他的自传里，韦尔奇历数经历的种种“深潜”的成功案例。

在韦尔奇的坚持下，“古老”的通用电气进入了传媒业，以大手笔收购了 Cnbc 电视台。然而他的 Cnbc 突然有对手了！CNN 的一个名牌财经主持人即将复出，而他的出现将对 Cnbc 的《商务中心》栏目构成极大威胁。于是，紧张的《商务中心》主持人立即给韦尔奇打电话，恳求他发一个电子邮件来鼓舞大家的士气，以利迎战。

而一直非常喜欢这个项目的韦尔奇说：“我不发电子邮件。我为什么不能亲自与你们的团队在一起呢?”于是，韦尔奇与节目组一边喝可乐，一边嚼饼干，争论着各种应对方案——整整一个星期！当他离开时，他当即再额外拨出 200 万美元用于节目的宣传。同时，他亲自给电视台总裁打电话，希望他在其他栏目中加强对《商务中心》的支援。其后他又使主管体育节目的总裁同意在 NBA 总决赛中播出《商务中心》的广告。结果他使得整个电视台都为这个栏目的运作而参与进来。结果呢？在与 CNN 交锋的第二个星期，《商务中心》大获全胜！

在超声波成像项目的“深潜”同样是成果显著的——“我们从 1996 年的一无所有一跃成为 2000 年的行业第一，创建了一家盈利能力极高的企业。我们年收入增长速度达 20% 至 30%，今天这家公司的年收入已经超过

5 亿美元。”

医疗器械事业部的一个改进扫描仪射线管项目持续了 4 年多。改进前的射线管寿命是 25000 次，这是制约扫描仪销售的最重要的问题。改进项目组提出的口号是：射线管——设备的心脏。经过改进寿命提高到 200000 次。

韦尔奇直接参与这个项目。每个星期，项目负责人都要发一份传真给韦尔奇，报告进展。当收到韦尔奇这样的回复：“太慢，太法国化，快点行动，否则换人”时，他就把它锁到抽屉里。当他收到韦尔奇的祝贺时，就把它张贴起来，让每个人都看到。

在他“深潜”的项目中，韦尔奇总是帮助出主意、想办法、提供资源、帮助协调，甚至帮助他们面试新人。他从不下命令，他的意见也不总是被接受，但他与项目团队成员总能够进行坦诚的交流。

而在 CT 设备的射线管质量提升项目里的“深潜”，其成功效果更具有震撼性——“在 5 年的时间里，这个团队把射线管的寿命从 25000 次提高到接近 200000 次。到 2000 年，利用‘六西格玛’技术，他们研制出平均寿命达到 500000 次的新型射线管，并且被定为行业标准。由于这一关键部件的突破，我们的 CT 扫描仪以空前的速度被用户抢购，其销售速度之快几乎赶上了 GE 照明公司的速度”。

……

“深潜”的效果是如此的显著，以至于韦尔奇信心十足地在他的自传里与所有人打赌——“我绝对敢打赌，杰夫一定会做出他自己的‘深潜’，而且会从这些捣乱中得到同我一样的快乐。”

GE 的 CEO 职位，是一个真正意义上的战略决策者、方向制定者、企业精神领袖的角色。凭着 GE 百年来打造的严谨管理体系和 GE 人强马壮的精英团队，作为 CEO 的韦尔奇根本不需要介入到具体的业务中去，他绝不会像中国大多管理者那样，在客户、研发部、生产线之间疲于奔命。然而远离具体业务，却使他面临将变成缥缈无所依的空中楼阁的危机。“深潜”就是解决这一危机的好办法，它能让韦尔奇深入地了解他的业务和员工，让韦尔奇的信息触角深入到 GE 的业务基层，为韦尔奇操控这个庞大的商业帝国提供准确的基层信息。

日本经济团体联合会名誉长土光敏夫也和韦尔奇一样，采用“身先士卒”的做法，一举成为日本享有盛名的企业家。在他接管日本东芝电器公司前，东芝已不再享有电器业摇篮的美称，生产每况愈下。土光敏夫上任后，每天巡视工厂，访遍了东芝设在日本的工厂和企业，与员工一起吃饭，闲话家常。清晨，他总比别人早到半个小时，站在厂门口，向工人问好，率先示范，促进了相互间的沟通。员工受此气氛的感染，士气大振。不久，东芝的生产恢复正常，并有很大发展。

一个企业的高层领导者，就是要经常挑选一个具体问题，或是自己感兴趣的，或是特别危难的，或是特别具有挑战性的，深入下去进行感觉判断并实施。最后是不是成功有时并不重要，重要的是从具体的运作中掌握了公司体制运作的方方面面，而且还对一线上的人才作了有效评估，对公司的运行机制也了然于胸。这些东西是无论看多少文件、听多少汇报也得不到的东西。这些鲜活的感觉和评判，是驾驭公司航向、维持肌体健康灵动最根本的要素。一个只知道开会决策的人，是永远也进入不了优秀企业领导行列的。

任何时候，不要急于求成，不要一心只想着干一番大事业，不然，结果必然会因为自己基础薄弱，能力不足，而导致失败。“勿用”，就是不要轻举妄动，要踏踏实实从基础做起，不以善小而不为。如此，经过一段时间的磨炼，翅膀硬了，身子骨强壮了，本领强了，能力有了，主观条件具备了，只欠东风了，时机一到，就会脱颖而出，干出一番大事业。

浮躁和好高骛远是进步的最大敌人。不要好高骛远，扎扎实实，从基础做起，从基层做起，一步一个脚印的向前走吧！

九、情义管理 VS 制度管理

对企业而言，到底什么是最重要的？有人说是人才，有人说是管理，也有人说是资金、是技术、是质量、是品牌。诚然，人才、管理、资金、技术、质量、品牌，等等，对企业的发展和影响都极其重要，但是，究竟抓住哪一环，才能抓住问题的中心，牵一发而动全身，让所有问题都迎刃而解？从某种意义上说，企业的灵魂不是人才，不是管理，也不是资金、技术、质量、品牌，而是企业的情义管理和制度管理。因为，对企业来说，情义管理和制度管理就从表层的物质层面到深层的精神层面，完全涵盖了上述所有因素。

让人尽情宣泄抱怨

美国芝加哥郊外的霍桑工厂，是一个制造电话交换机的工厂。这个工厂具有较完善的娱乐设施、医疗制度和养老金制度等，但员工们仍愤愤不平，生产状况也很不理想。为探究原因，1924 年 11 月，美国国家研究委员会在该工厂进行了一项“谈话试验”，即用两年多的时间，请专家找工人个别谈话两万余人次，并规定在谈话过程中，要耐心倾听工人们对厂方的各种意见和不满，并做详细记录，对工人的不满意见不准反驳和训斥。这一“谈话试验”收到了意想不到的结果：霍桑工厂的产量大幅度提高。这是由于工人长期以来对工厂的各种管理制度和方法有诸多不满，无处发泄，“谈话试验”使他们的这些不满都发泄出来，从而感到心情舒畅，干劲倍增。社会心理学家将这种奇妙的现象称为“霍桑效应”。

“霍桑效应”给我们的启示是：人的一生中会产生许多意愿、情绪，而最终能实现或满足的却为数不多。压抑、克制意愿和情绪，会在心理上积蓄能量，虽然它可以通过别的途径转移，却不会被直接消灭。人们在压抑、克制阶段往往意识不到它的存在，但如果一直找不到宣泄的途径，那就会使人们在心理上形成强大的潜压力。过分压抑会造成人们从心灵深处与外界日益隔绝，导致精神忧郁、孤独、苦闷和窒息；一旦控制不住，会导致其冲破心理堤坝，使人显现一种变态的行为，甚至导致精神失常。

如何应用“霍桑效应”？有句老话说得好，防民之口甚于防川。堵塞不如疏导。耐心倾听就是最好的沟通，不问情由，一味粗暴地压制导致沟通贫乏，往往会累积成巨大的危险。

美国《读者文摘》中有这样一段故事：一天深夜，一位医生突然接到一个陌生妇女打来的电话，对方的第一句话就是“我恨透他了！”“他是谁?”医生问。“他是我的丈夫!”医生感到突然，于是礼貌地告诉她：“你打错电话了。”但是，这位妇女好像没听见似的，继续说个不停：“我一天到晚照顾四个小孩，他还以为我在家里享福。有时候我想出去散散心，他却不肯，而他自己天天晚上出去，说是有应酬，谁会相信……”尽管这中间医生一再打断她的话，告诉她，他并不认识她，但是她还是坚持把自己的话说完。最后，她对这位素不相识的医生说：“您当然不认识我，可是这些话已被我压了多时，现在我终于说了出来，我舒服多了，谢谢您，对不起，打搅您了。”

系统和制度是对沟通起着最重要的作用。如果一个企业的健康程度可以定级的话，很多时候依赖于这个公司的牢骚和抱怨。牢骚和抱怨越多，这家公司就越不健康。如果有好的沟通渠道，抱怨在公开场合说出来之后，背后的牢骚就会减少，这个企业就可以健康地发展。

沟通是一种传递信息并获取理解的过程，完善的沟通是指信息的接受者完全了解传递信息者所表达的意愿，这就说明人与人之间的沟通必须在相互了解的基础上，缺乏了解的沟通不仅难以达到信息交流和相互理解的目的，而且还可能使沟通双方陷入意想不到的尴尬之中。

约翰逊是一个很有魄力的企业老板，他开了一家汽车配件零售公司，为了奖励他的推销员们为公司所做的出色努力，他决定让他们享受一下价格不菲的到加勒比海的度假游。在一次员工大会上，他非常得意地向大家宣布了这次公费旅游的事。

“女士们，先生们！我这里有一件能让你们都高兴的事。在过去的一年里，你们都取得了非常大的成绩，所以我为你们和你们的家属——当然你们也可以带上别的对于你们很重要的人——安排了一个 4 天的团体旅游作为奖励。动身时间距现在还有一个月，定在 10 月 11 日，你们将游览坎昆、科祖梅尔和大凯曼斯，等待你们的将是丰盛的佳肴、刺激的夜生活、疯狂的购物和你们所说的那种观光游览活动。我甚至已同公司的几位高级策划人一起开了几个会，专门研究你们在船上的活动安排，还找了个魔术师给你们表演，一位舞蹈老师教你们如何跳那些浪漫的贴面舞。”

说到这里的时候，约翰逊有意停顿下来，他等待着预期中的热烈反应和雷鸣般的掌声喝彩，但接下来的场面却令约翰逊尴尬至极。员工们大多窃窃私语、交头接耳，只有几位勉强挤出笑容，甚至还有一些人皱着眉。不久，有一个人站出来提出，旅游的时间正好是他儿子的足球队参加地区冠军比赛的日期，时间上有了冲突。还有一位销售员说，她的父亲正是病危的时候，恐怕时日已不多，这个时候撒手不管于心不忍。其他的人对这件事的热情或抵触的程度也不尽相同。面对这种始料不及的局面，一向以反应灵敏、能言善道著称的约翰逊却不知道接下来该怎么收场……

了解是沟通的基础，没有必要的了解就无法实现沟通的目的，管理者在实际工作和生活中，应当有意识地加强对员工的了解，只有这样才能实现有效沟通，真正让员工感受到上级的关爱；也只有这样才能更好地增强员工的积极性和主动性，使企业获得长远发展。

以人为本

北风和南风比威力，看谁能把行人身上的大衣脱掉。北风一开始就玩命地吹，寒冷刺骨，结果行人为了抵御北风的侵袭，便把大衣裹得紧紧的。南风则徐徐吹动，顿时风和日丽，行人因为觉得春暖上身，始而解开纽扣，继而脱掉大衣，南风获得了胜利。

这则寓言形象地说明了一个道理：温暖胜于严寒。管理者在管理时要运用南风法则，就是要尊重和关心下属，以下属为本，多点人情味，尽力解决下属日常工作生活中的实际困难，使下属真正感受到管理者给予的温暖，从而激发出工作的积极性。

在联邦快递，如果有员工在公司认为自己的权益受到直接领导的侵害，他可以越级向上级领导提出诉讼，上级领导必须在7天之内开一个“法庭”，公开审判，并作出“判决”，帮助员工维护自己的权益。如果该员工还是不服，他可以向更高一级的领导继续上诉，同样，更高一级的领导也必须在7日内调查此事并做出判断。

如果有员工对上司有什么不满意，他可以向联邦快递亚太区的总裁上诉。而且，在公司的日常管理中，总裁和普通员工除了分工不同之外，没有什么区别。所以人们常说，在联邦快递，没有人可以“一手遮天”。

同时，公司的员工每年都要给部门经理打分，以此作为该领导能否获得晋升的重要参考。打分后，公司还会召开会议，把员工对部门经理的建议拿出来讨论，找出解决方案后立即执行。每过一个季度，公司都会对改进方案进行考核，这种做法保证了员工与管理层之间的顺畅沟通、紧密合作。

在使用南风法则上，日本企业的做法最引人关注。在日本，几乎所有的公司都很注重人情味和感情的投入，给予员工家庭般的情感抚慰。在诸多的日本公司中，松下公司的做法极富典型性。

与其他日本公司一样，松下尊重员工，处处考虑员工利益，还给予员工工作的欢乐和精神上的安定感，与员工同甘共苦。1930 年初，世界经济不景气，日本经济大混乱，绝大多数厂家都裁员，降低工资，减产自保，百姓失业严重，生活毫无保障。松下公司也受到了极大伤害，销售额锐减，商品积压如山，资金周转不灵。这时，有的管理人员提出要裁员，缩小业务规模。这时，因病在家休养的松下幸之助并没有这样做，而是毅然决定采取与其他厂家完全不同的做法：工人一个不减，生产实行半日制，工资按全天支付。与此同时，他要求全体员工利用闲暇时间去推销库存商品。松下公司的这一做法获得了全体员工的一致拥护，大家千方百计地推销商品，只用了不到三个月的时间就把积压商品推销一空，使松下公司顺利渡过了难关。在松下的经营史上，曾有几次危机，但松下幸之助在困难中依然坚守信念，不忘民众的经营思想，使公司的凝聚力和抵御困难的能力大大增强，每次危机都在全体员工的奋力拼搏、共同努力下安全度过，松下幸之助也赢得了员工们的一致称颂。

古语云：得民心者得天下！只有真正赢得了员工的心，员工才会为企业的发展死心塌地地工作。在企业管理中多点人情味，少些铜臭味，有助于培养员工对企业的认同感和忠诚度。有了这些，企业在竞争中就能无往而不胜。

杰出的公司都有强有力的企业文化

美国花旗银行认为：真正有影响力的品牌一定是与某种文化思想、文化现象相联系的。一种产品或一个企业一旦被客户群体拥戴为品牌，那么这个品牌一定呈现出它独有的丰富文化内涵，能够向人们展示良好的品牌形象，使人们在得到物质需求满足的同时，也能感受到文化品位和精神享受，从而形成独特的品牌优势。

沃森原则是由美国IBM前总裁沃森提出的。它强调了企业文化是一个企业强大的根本。企业文化是企业管理发展的新阶段，其核心内容是企业精神，是引领企业发展的航标，是企业管理的灵魂，是企业所追求的价值取向。是通过全体员工认同形成的凝聚力，能够使得员工为实现企业目标而自我约束和努力工作。同时也是一种团队精神的体现。上述花旗银行的案例便是对企业文化的一个很好的阐释。

企业要在竞争中取胜，就要团结协作，求新求变，拒绝僵化。换一个角度讲就是：自由精神、创新精神、团队精神。文化特色与管理特色相辅相成，把背景不同，自身经历不同，甚至追求不同的人团结起来，大家共同认同企业共有的文化和价值观，以企业文化激发感召力、凝聚力，这种力量是企业发展的一种内部驱动力。企业文化建设的关键是企业家，一个富有个人魅力和管理技巧的企业家首先会为企业带来一种信念上的熏陶。

企业文化是看不见摸不着的，但又无处不在。其核心内涵，虽看不见但能感悟到，虽然无法逼真地写出来，但完全可以从一个企业的人文环境、氛围、机制、服务、精神面貌等方面感悟出来。市场上有问题的两家企业对待品牌形象出现的问题所采取的不同方式和态度，就完全可以感悟到这两家企业文化的差异，这也正是由企业文化的独特性所反映出来的不同行为。一个好的企业文化，能让客户心悦诚服，投桃报李，忠贞不渝，让竞争对手的客户心向往之，直到弃“暗”投“明”，毫无疑问这个企业已经拥有了值得骄傲的文化底蕴，造就了良好的文化，企业品牌便找到了一个长久不衰的发展原动力。

一提到“海尔”这个品牌，我们大脑中便会想到海尔的服务和产品的创新，而这些正是海尔文化带给我们的影响。在海尔的工厂大门口，竖立着一排醒目的大字——“求实、创新”，诠释了海尔文化的核心内涵。海尔的营销理念：先卖信誉、后卖产品；市场理念：只有淡季思想、没有淡季市场，只有疲软的思想、没有疲软的市场；海尔售后服务理念：用户永远是对的，等等。这些价值理念正是海尔文化的体现，而海尔品牌的“真诚到永远”也无不体现了海尔企业文化的精髓，海尔文化使我们感到了海尔这个品牌的力量，感到了海尔底蕴深厚的文化。

联想提出的“把个人追求融入企业的长远发展之中”的核心价值观，将公司的前途和员工的个人发展紧绑在一起，是联想集团能够凝聚员工的根本缘由。联想能够在众多的电脑厂家脱颖而出，扛起中国电脑品牌的旗帜，并于2004年12月8日收购了IBM的个人电脑事业部，这些正是联想企业文化凝聚员工力量的最好证明。当初以柳传志为代表的一批能人志士就曾定下“振兴民族工业，走向世界”的宏大目标，他们继承了中国文化“修身、齐家、治国、平天下”的优秀传统，艰苦奋斗，才取得了今日的辉煌。

海尔和联想是我国两个民族品牌的典型，他们成功的秘诀就是优秀文化赋予了两个品牌独特的优势，这种优势使海尔和联想有了一批批忠诚的消费者，引导他们迈向一个又一个制高点。

互助共存、具有战斗力的企业文化的基本特征是：

（1）诚信。诚信是一种无形资产，可以赢得顾客和各方面的合作伙伴。企业如果想实现品牌战略，诚信是第一位的，是企业立足的根本信条。

（2）执著。做企业需要细致的、扎实的、不急不躁的努力。很多优秀的企业都是在执著中一点一滴、一天一天甚至是在不经意间做起来的，浮躁是大忌。

（3）创新。企业创新就是与时俱进的产品风格、生产模式和服务方式。要创新必须有创新的能力，有时甚至要对自己进行破坏性的否定。企业领导思路的更换对企业来说是一种创新，特别是经营模式的创新，因为这有利于打破企业传统的思维定势。

（4）弹性或张力。企业文化中的弹性或张力是指企业应变各种不以自己意志为转移的事件的能力。例如，面对经济萧条，能不能适时地应变、调整，同舟共济地走出萧条；面对宏观调控，各种生产要素相对紧缺的时候，企业能不能有效地应对。

（5）凝聚力。具有战斗力的企业一定要有凝聚力。这里的凝聚力起码包括三个层次的含义：一是要有一个强大的领导集团。这个领导集团是包容了各种风格、不同年龄阶段的人，可以形成风格互补，最大限度地聚集各种领导风格的长处，最大限度地利用各种已有知识。二是人才，包括通过市场的方式利用人才。三是在非常时期能够团结和凝聚员工的能力。

没有规矩，不成方圆

每个人都会犯错，而对错误的改正以及每个人的进步和成长，都离不开别人的劝诫。“热炉规则”能指导管理者有效地训导员工，这二者相似之处在于：首先，当你触摸热炉时，你得到即时的反应，瞬间感受到灼痛，使大脑逐渐养成一种习惯。其次，你得到了充分的警告，构成警示，使你知道一旦接触热炉会发生什么问题。第三，其结果具有一致性。每一次接触热炉，都会得到同样的结果——被烫伤。同样，你也会为自己的错误付出惨重的代价。最后，其结果不针对某个具体人。无论你是谁，只要接触热炉，都会被烫伤。这说明制度面前人人平等。“热炉规则”在运用中有很多的引申，企业的惩处机制，是很受管理界关注的。

一家合资企业制定了严格的规章制度，但在第一次实施中就遇到了难题。一位中方女员工由于本人的疏忽，给公司造成了损失。按规定应该惩罚，但中方管理人员战战兢兢，不敢决断，因为那位女员工是外方经理的妻子。在中国文化中，人情重于原则，主管人员觉得实在难以拿经理妻子“开刀”。但如果不处罚，别的员工会不服，他们会觉得这种铁面无私的规章是摆门面的；如果真的实施起来，会得罪人的。在人情与原则的冲突中，主管把情况汇报给经理，没想到经理对他汇报这件事感到很惊讶：“这么简单的一件事，你直接按规章办不就可以了吗？不用请示我了。”主管如释重负地走出了经理办公室。

火炉是不讲情面的，谁碰它，就烫谁，一视同仁，对谁都一样，和谁都没有私交，对谁都不讲私人感情，所以它能真正做到对事不对人。当然，人毕竟不是火炉，不可能在感情上和所有人都等距离。不过，作为管理者，要做到公正，就必须做到根据规章制度而不是根据个人感情、个人意识和人情关系来行使手中的奖罚大权。

下属犯错时，做主管的或不知所措，或处理不当，结果导致下属怨根滋生，影响主管的威信和工作。掌握了这一规则，当下属有错时，你的应对会顺手得多，甚至游刃有余。补充一点，如果管理者训导下属，要确保这种行为是下属可以控制的。如果下属无能为力，训导就起不到什么作用。因此，训导要针对下属可以改善的行为。如果一个下属忘了上闹钟，所以迟到了，你就可以批评他；但迟到的原因若是因为上班坐的地铁突然停电，他在地下被困了半个小时，这时批评他是没有意义的，因为下属无法控制这类事情的发生。这也要求一个管理者能确实做到人情是非，人本化管理。

显而易见，从“热炉规则”带来的启示，我们可以提炼出训导下属的四个核心原则：

（1）尽可能迅速反应。如果违规与训导之间的时间间隔延长，则会减弱训导的效果。在过失之后越迅速地进行训导，下属越容易将训导与自己的错误联系在一起，而不是将训导与训导的实施者联系在一起。因此，一旦发现违规，应尽可能迅速地开展训导工作。

（2）事先警告。作为管理者，在进行正式的训导活动之前有义务事先给予警告。也就是说，必须首先让下属了解到组织的规章制度并接受组织的行为准则。如果下属明确了哪些行为会招致惩罚，并且知道会有什么样的惩罚时，他们更有可能认为训导是公正的。

（3）行使权力的一致性。公平地对待下属，要求训导活动具有一致性。如果你以不一致的方式处理违规，则会丧失规章制度的效力，降低下属的工作士气，下属对你的工作能力也会发生怀疑。另外，下属的不安全感也会使生产受到影响。每个下属都知道许可行为和不许可行为之间的界线，并会以你的行为举止作为指南。

（4）对事不对人。“热炉规则”的最后一项是应使训导不针对个人。处罚应该与特定的过错相联系，而不应与违犯者的人格特征联系在一起。也就是说，训导应该指向下属所做的行为而不是下属自身。成功的训导只针对具体的行为，而不是针对个人。训导应该是具体的而不是泛泛的，训导应该陈述事实而不是判断或评价。

标准应该是唯一的

黛安娜·波兰斯基给医院院长戴维斯博士打来电话，要求立即作出一项新的人事安排。黛安娜的声音很急切，戴维斯院长让黛安娜马上过来见他。黛安娜走进了戴维斯院长的办公室，递给他一封辞职信。

“戴维斯博士，我再也干不下去了，”她开始申述，“在产科当了四个月的护士长，我简直干不下去了。我有两个上司，每个人都有不同的要求，都要求优先处理。我已经尽最大的努力适应这种工作，但看来这是不可能的。比如，昨天早上7：45，我来到办公室就发现桌上留了张纸条，是达纳·杰克逊医院的护士主任给我的。她告诉我，她上午10点钟需要一份床位利用情况报告，供她下午在向董事会作汇报时用。我知道，这样一份报告至少要花一个半小时才能写出来。30分钟以后，乔伊斯（黛安娜的直接主管，基层护士监督员）走进来质问我为什么我的两位护士不在班上。我告诉她雷诺兹医生（外科主任）从我这要走了她们两位，说是急诊外科手术正缺人手，需要借用一下。我告诉她，我也反对过，但雷诺兹坚持说只能这么办。你猜，乔伊斯说什么？”

“她叫我立即让这些护士回到产科部。她还说，一个小时以后，她会回来检查我是否把这事办好了！我跟你说，这样的事情每天都发生好几次的。一家医院就只能这样运作吗？”

只有一块手表，可以知道时间；拥有两块或两块以上的手表并不能告诉一个人更准确的时间，反而会让看表的人失去对准确时间的信心。这就是著名的“手表定律”。你要做的就是选择其中值得信赖的一只，尽力校准它，并以此作为你的标准，听从它的指引行事。

如果每个人都“选择自己所爱，爱自己所选择”，无论成败都可以心安理得。然而，困扰很多人的是：他们被“两只表”弄得无所适从，心力交瘁，不知自己该信哪一个。还有人在环境、他人的压力下，违心选择了自己并不喜欢的道路，为此而郁郁终生，即使取得了令人瞩目的成就，也体会不到成功的快乐。

对于企业或其他组织也是这样，两个或两个以上的领导同时发出指令不但提高不了组织的工作效率，反而会带来管理的混乱，导致员工不知如何工作，因而降低了工作的效率。

“手表定律”在企业经营管理方面给我们一种非常直观的启发：对于任何一件事情，不能同时设置两个不同的目标，否则将使人无所适从；对于一个人不能同时选择两种不同的价值观，否则，他的行为将陷于混乱。而对于一个企业，更是不能同时采用两种不同的管理方法，否则将使这个企业无法发展。

企业文化的核心是共同愿景。管理大师彼得·圣吉引入了“共同愿景”的概念。彼得·圣吉认为，共同愿景是一个组织中各个成员发自内心的共同目标，是蕴藏在人们心中一股令人深受感召的力量。这个共同愿景便可作为企业的原动力，是企业的灵魂，也是衡量员工行为的最高标准。

2000 年 1 月 10 日，美国在线宣布以 1810 亿美元收购时代华纳公司，成为美国乃至世界历史上最大一宗兼并案。人们普遍认为，这代表了传媒业未来的发展方向：渠道服务商和内容供应商的结合意味着传统与现代产业相融合的可能。美国在线前董事长史蒂夫·凯斯更是一语中的：“这是真正具有历史意义的时刻。我们将从根本上改变人们获取信息、与他人联系、购买商品和娱乐的方式。”然而，看似光明的前景却被曲折的合并之路所取代。

由于此番合并涉及新老行业前所未有的整合，欧盟和美国联邦贸易委员会审批程序持续了一年。漫长的等待侵蚀了投资者和公众的高涨情绪。

而合并后的整合更加举步维艰，将美国式的公司政治上演到了极致。作为传统内容服务商的时代华纳公司，尽管拥有成熟的运营模式，但要在短时间内获得较大发展很困难，和当时正处在全球资本市场追捧之中的美国在线相比，形成“老派贵族 VS 美式经济新贵”的地位差异。况且，主张分散管理的时代华纳和主张集中化管理的美国在线能否顺利实现整合，也在人们的质疑当中。然而，紧随其后的是互联网泡沫彻底破灭后，美国在线业务的迅速萎缩。

美国在线业绩的剧烈变化使得原本就不平衡的公司内部马上出现了裂痕。时代华纳的员工认为网络并不是一个新世界，而只是一个新市场，如果开发得好，可以为现有的媒体业务增加收入；但现在美国在线拖累了整个公司的业绩，却仍占据着公司的主导地位，甚至连公司名称上，美国在线也放在前面，这让华纳的老员工多少觉得有些心有不甘。而美国在线一方的员工依旧认为，时代华纳有线电视、电影公司、音乐集团等创造的产品只是先进的、迅猛发展的网络的传统饲料而已。这两种观念的冲突以对峙的形式表现出来。时代华纳的员工看不惯美国在线的同事放荡不羁的 IT 作风，美国在线也瞧不起时代华纳员工的刻板保守。就是说，一次大胆的“实验”过后，双方发觉这并不是两种不同颜色的水的混合，而是油和水的混合。换言之，根本就无法混合。

美国在线与时代华纳的合并就是“手表定律”的一个典型的失败案例。美国在线是一个年轻的互联网公司，企业文化强调操作灵活、决策迅速，要求一切为快速抢占市场的目标服务。而时代华纳在长期的发展过程中建立起强调诚信之道和创新精神的企业文化。两家企业合并后，企业高级管理层并没有很好地解决两种价值标准的冲突，导致员工完全搞不清企业未来的发展方向。最终，时代华纳与美国在线的“世纪联姻”以失败告终。这也充分说明，要搞清楚时间，一块走时准确的表就已足够。

建立共同愿景的目的是要团结众人、鼓舞众人、引导众人，以此来提升企业的竞争力和发展力，要想实现这个目的，企业管理者必须掌握建立共同愿景的技巧。

（1）彼此信赖。信赖是一切工作顺利开展的基础，只有企业团队中的各成员之间彼此信赖，相互支持，大家才能齐心协力地为共同愿景奋斗。

（2）鼓励个人愿景。企业建立共同愿景时必须鼓励个人愿景，平等对待每个人，彼此尊重。

（3）营造自由、开放、互助的团结气氛，实现真诚的双向沟通。

（4）彼此倾听，互相学习；多鼓励，少批评。

惯性可以是动力也可以是束缚

键盘的26个英文字母为什么是现在这样的排序?

很多人都思考过这个问题，并认为目前的这种排序一定经过了某种严谨、科学的论证，这种排序或许比较符合手指灵活运用的生理规律，或许与英文字母的使用频率有关，总之，思考过这个问题的人都愿意相信这是比较科学的一种排序结果。

真实的原因并不是这样。早期的键盘是机械式的，不了解的人，做梦都可能想不到目前这种排序结果仅仅是因为机械键盘中“Q、W、A、S”这几个键很容易坏，故障率很高，为了便于修理，人们便把它设置到了键盘左上角的位置，这与手指的生理运动规律及英文字母的使用频率完全没有关系。

既然如此，结合英文字母的使用频率与手指的生理运动规律，一定还会有一种提高打字效率的排序方式存在。在电子化键盘问世的时候，就有人发现了这个问题并提出了解决方案，事实证明进行优化后的排序，可以使人们的打字效率提高近30%。

这个发现，让发现者非常兴奋，很快有关组织和机构便接受了这个科学的建议，开始普及推广新的键盘。可结果却很让人失望，尽管人们知道重新排序后的键盘有诸多好处，尽管这是增加培训成本也值得改变的一件事情，但却没有人愿意接受它，已经习惯键盘原来排序方式的人们不愿意改变自己的习惯。于是在机械式键盘年代产生的这个并不科学的字母排序键盘就一直沿用至今。

键盘的故事很好地说明了路径依赖理论。起初，新制度经济学家诺斯创立了制度变迁的“轨迹”概念，目的是从制度的角度解释为什么所有的国家并没有走同样的发展道路，为什么有的国家长期陷入不发达，总是走不出经济落后制度低效的怪圈等问题。诺斯考察了西方近代经济史以后，认为一个国家在经济发展的历程中，制度变迁存在着严重的“路径依赖”现象。

“路径依赖”指的是一种制度一旦形成，不管是否有效，都会在一定时期内持续存在并影响其后的制度选择，就好像进入一种特定的“路径”，制度变迁只能按照这种路径走下去。“路径依赖”使小事件和环境可以决定某种发展的结果，而且一旦某些小事件和环境的结果占据主流，就导致这种发展进入特定的路径。广义上“路径依赖”说明历史上某一时间已经发生的事件将影响其后发生的一系列事件。狭义上“路径依赖”意味着一旦一个国家或地区沿一种轨迹开始发展，改变发展道路的成本非常高。尽管存在着其他的道路选择，但已建立的制度会阻碍对初始选择的改变。

“路径依赖”类似于物理学中的“惯性”，一旦选择进入某一路径，就可能对这种路径产生依赖。某一路径的既定方向会在以后的发展中得到自我强化。人们过去做出的选择决定了他们现在及未来可能的选择。好的路径会起到正反馈的作用，通过惯性和冲力，产生飞轮效应而进入良性循环；不好的路径会起到负反馈的作用，就如厄运循环，可能会被锁定在某种低层次状态下。

不管是良性循环还是厄运循环，“路径依赖”背后隐藏的是人们对利益的考虑。对组织来说，一种制度形成以后，会形成某些既得利益集团，他们对现存路径有强烈的需求，力求巩固现有制度，阻碍选择新的路径，哪怕新的体制更有效率。

惠普前任 CEO 卡莉是再造惠普的功臣。在重塑惠普公司的过程中，卡莉遇到了最艰苦的挑战。对于卡莉大规模的改革，中层经理和普通员工漫不经心或无动于衷。对待卡莉制定的计划，他们不断弱化设定的目标，调整定下的时间表，举出一些例外情况——等到最后，基本上抽掉了卡莉想实现的主要内容。而董事会也不断发难，一切都让卡莉举步维艰。

卡莉说服董事会成员彻底与过去决裂，她明确指出为股东创造价值是公司的战略目标，为此必须为惠普公司重新定位，她要把惠普塑造成一个世界级的领导企业。“功夫不负有心人”，卡莉最终获得了董事会的支持，之后她对惠普进行成功的战略改造。改变“路径依赖”是件很难的事，不过，变迁的路径，决定了未来的方向。

当一项已经发生的投入，无论如何也无法收回时，这种投入就变成了“沉没成本”。

有一个老人特别喜欢收集各种古董，一旦碰到心爱的古董，无论花多少钱都要想方设法买下来。

有一天，他在古董市场上发现了一件向往已久的古代瓷瓶，花了很高的价钱把它买了下来。

他把这个宝贝绑在自行车后座上，兴高采烈地骑车回家。谁知由于瓷瓶绑得不牢靠，在途中“咣当”一声从自行车后座上滑落下来，摔得粉碎。这位老人听到清脆的响声后居然连头也没回。这时，路边有位热心人对他大声喊道：“老人家，你的瓷瓶摔破了！”老人仍然是头也没回地说：“摔碎了吗？听声音一定是摔得粉碎，无可挽回了！”不一会儿，老人家的背景消失在茫茫人海中。

老人的反应是不是很让人惊讶？如果是一般人肯定会从自行车上跳下来，对着已经化为碎片的瓷瓶捶胸顿足、扼腕痛惜，有的可能会经过好长时间才得以恢复精神。

每一次选择我们都要付出行动，每一次行动我们都要投入。不管我们前期所做的投入还能不能收回，是否真的还有价值，在作出下一个选择时，我们不可避免地会考虑到这些。

最终，前期的投入就像坚固的铁链一样，把我们牢牢锁在原来的道路上，无法作出新的选择，而且投入越大，被锁的越结实，可以说，“沉没成本”是“路径依赖”现象产生的一个主要原因。

要想改变坏的“路径依赖”，就得做好企业变革管理的工作。变革管理的难点和目标在于平衡好变革与发展及稳定的关系。

（1）要明确企业的使命和核心价值观。对于一个企业来说，长期目标、短期目标、经营策略、组织结构、企业领导等都是可能频繁发生变化的，但企业的使命和核心价值观是不应频繁变化的。当重大变革来临时，它们会起到维系组织的作用。

（2）要建立开放式的信息沟通系统，尤其是企业内部人员与外部市场环境之间的信息沟通渠道要畅通。这样做能确保企业内部人员的思想不与外部市场脱节。当外部市场变化时，企业内部相关人员会自动生成部分变革原动力，减少变革的阻力。这个信息系统同时要起到变革预警机制的作用。

（3）培养企业内部社会资本，即人与人之间及企业与人之间的信任。单个变革不可能让每个团体都同时平均受益，更多的情况是让一部分人短期先受益，并通过一系列的变革能长期确保每个人的最根本利益。在这样的情况下，员工之间、企业与员工之间的信任尤为重要。没有足够的信任，就没有人愿意承担给予别人先发优势的风险，变革只能采取平均主义的方式而限制了变革效率。

（4）要注意选拔有变革精神的人员配置在中高管理层上。有一个“二六二原则”讲得很好：对任何变革来说都有大约20%的人支持，20%的人反对，剩下60%的人观望。变革的关键是要使支持变革的20%的力量强大，以这20%的强大力量去影响和争取60%的中间派，如果中高层领导都在这20%的支持变革的人群里，那么变革成功的可能性就会大大增加。所以在选拔中高层领导时，应注意他们过去在变革中的表现。一般来说，这方面过去的表现是其未来表现的良好指针。

（5）要注意使组织设置具有灵活性。比如，过分细化的组织结构及泾渭分明的职责分工会使企业变革难度增大，而采取跨部门小组等方式就会灵活得多。

用最简单的方式打动人

就小事而论，它的确没有非常重要的意义，但用辩证法的观点去考察，你就会发现一件小事往往会引发大事，几件小事加在一起就有可能产生意料之外的形态和意义。

小事犹如一块块未经雕琢的璞玉，如果你没有一双识别它们的慧眼，细心鉴别，它就永远埋在山野石林之中，很难被人们发现其价值所在。

你了解你周围每一个人的长处短处吗？你每天有没有看到周围细微的变化？你是否发现别人哪怕是一丁点儿的优点？如果人人都去关注自己的周围，去发掘一滴水中的世界，那么在彼此的赞美声中，人们获得的将是世间荡漾着的温情。

假如你是一位统率千军万马的元帅，你会过问每一个士卒的饥寒冷暖吗？事实上，这是根本不可能的。但是，你可以适时、适当地参加一些细致入微的工作事务，这对你赢得人心大有帮助。如果你总是摆出一副官架子，遇到一些事就满脸的不高兴，不屑于做或者根本不情愿去做小事，那么，你的下属将会对你产生成见。

在处理一些小事上，你做的效果不佳，或不完美，也会被下属们轻视、讥笑。他们会认为像你这样连一点小事都不想做，或者连一点小事都做不成的领导，又如何做得了大事情呢？你的信誉会受到威胁。

要从小事关心员工，管理者首先得做一个有心之人，善于发掘小事后边的重大意义，这就要留心观察，细心思考。有一些小事，你作为企业管理者，必须努力去做到。

例如，你的下属得了一场大病，请了半个多月的病假在家养病。今天，他恢复健康，头一天来办公室上班，难道你对他的到来会面无表情，麻木不仁，不加半句客套，没有真诚的问候话语吗？

再比如，你手下的一位年轻员工找到了一位伴侣，不久要喜结良缘，或者这位下属在工作上取得了突出成就，为企业或本部门做出了杰出的贡献，难道你就不冷不热、无动于衷地不加一声祝贺称赞的话语吗？

小事足可以折射出管理者的品质风貌，员工往往会通过一些鸡毛蒜皮的小事，去衡量你、评判你。小事往往是成就大事的基石，这两者之间是相互联系、相互影响、相辅相成的。管理者要善于处理好这两方面的关系，使两者相得益彰。

如果管理者能在许多看似平凡的时刻，勤于在细小的事情上与下属沟通感情，经常用“毛毛细雨”去灌溉员工的心灵，下属会像禾苗一样生机勃勃、水水灵灵、茁壮成长，最终必然结出丰硕的果实。

调动员工的积极性，激发他们的热情和干劲，企业管理者光会说一些漂亮活是不够的。配合实际行动，不失时机地显示你的关心和体贴，无疑是对下属的最高赞赏。这种方法可以在下列场合中收到最好的效果。

1. 记住下属的生日，在他生日时向他祝贺

现代人都习惯庆祝生日，生日这一天，一般都是家人或知心朋友在一起庆祝，聪明的企业管理者则会“见缝插针”，使自己成为庆祝中的一员。有些管理者惯用此招，每次都能给下属留下难忘的印象。或许下属当时体味不出来，而一旦换了领导有了差异，他自然而然地会想起你。

给下属庆祝生日，可以发点奖金、买个蛋糕、请顿饭、甚至送一束花，效果都很好，乘机献上几句赞扬和助兴的话，更能起到锦上添花的效果。

2. 下属住院时，管理者一定要亲自探望

一位普普通通的下属住院了，企业管理者应该亲自去探望，说几句贴心话：“平时你在的时候感觉不出来你做了多少贡献，现在没有你在岗上，就感觉工作没了头绪、慌了手脚。安心把病养好！”

有的管理者就不重视探望下属。殊不知下属此时是“身在曹营心在

汉”，虽然住在医院里，却惦记着管理者是否会来看看自己。如果你不来，对他来讲简直不亚于一次打击。他不免会嘀咕：“平时我干出成绩，他只会没心没肺地假装表扬一番，现在我死了他也不放在心上，真是卸磨杀驴，没良心的家伙！”

3. 关心下属的家庭和生活

家庭幸福和睦，生活宽松富裕，无疑是下属干好工作的保障。如果下属家里出了事情，或者生活很拮据，管理者却视而不见，那么对下属再好的赞美也无异于假惺惺。

有一个中国的电子公司，职员和管理者大部分都是单身汉或家在外地，就是这些人凭满腔热情和辛勤的努力把公司经营得红红火火。该公司的管理者很高兴也很满意，他们没有限于滔滔不绝、唾沫横飞的口头表扬，而是注意到职工们没有条件在家做饭，吃饭很不方便的困难，就自办了一个小食堂，解决了职工的后顾之忧。

当职工们吃着公司小食堂美味的饭菜时，能不意识到这是管理者为他们着想吗？能不感激管理者的爱护和关心吗？

4. 抓住欢迎和送别的机会，表达对下属的赞美

调换下属是常常碰到的事情，粗心的企业管理者总认为不就是来个新手或走个老部下吗？来去自由，愿来就来，愿走就走。这种思想很不可取。

下属调走时，彼此相处已久，疙疙瘩瘩的事情肯定不少，此时用语言表达管理者的挽留之情很不到位，也不恰当。而没走的下属又都在眼睁睁地看着要走的下属，心里不免想着或许自己也有这么一天，管理者是怎样评价他呢？此时企业管理者如果高明，不妨做一两件让下属满意的事情以表达惜别之情。这样一来，既可让留者安心，又可让走者感到欣慰。

读石油版书，获亲情馈赠

亲爱的读者朋友，首先感谢您阅读我社图书，请您在阅读完本书后填写以下信息。我社将长期开展“读石油版书，获亲情馈赠”活动，凡是关注我社图书并认真填写读者信息反馈卡的朋友都有机会获得亲情馈赠，我们将定期从信息反馈卡中评选出有价值的意见和建议，并为填写这些信息的朋友免费赠送一本好书。

管理学和你想象的不一样

1. 您的文化程度：大专□　大本□　大本以上□　其他＿＿＿＿＿＿
2. 您购买本书的动因：书名、封面吸引人□　内容吸引人□　版式设计吸引人□
3. 您认为本书的内容：很好□　较好□　一般□　较差□
4. 您认为本书书名反映内容的程度：很高□　较高□　一般□　较差□
5. 您认为本书在哪些方面存在缺陷：内容□　封面□　装帧设计□
6. 您认为本书的定价：较高□　适中□　偏低□
7. 您对本书的综合评价

＿＿＿＿＿＿＿＿＿＿＿＿＿＿＿＿＿＿

＿＿＿＿＿＿＿＿＿＿＿＿＿＿＿＿＿＿＿＿＿＿＿＿＿＿＿＿＿

您的联系方式：

姓名＿＿＿＿＿＿

单位＿＿＿＿＿＿＿＿＿　邮政编码＿＿＿＿＿＿＿＿＿

地址＿＿＿＿＿＿＿＿＿　电话＿＿＿＿＿＿＿＿＿＿

手机＿＿＿＿＿＿＿＿＿　E-mail ＿＿＿＿＿＿＿＿＿

回信请寄：石油工业出版社有限公司

大众图书出版中心收　　邮政编码：100011

北京市朝阳区安华西里三区 18 号楼 1105 室

电子信箱：petropub@163. com（复印有效）